Bound by
Faith

Bound by Faith

The Story of an Ovarian Cancer Survivor

DEBRA MYTON

LITTLE ROCK, ARKANSAS

Bound by Faith
Copyright © 2017 by Debra Myton

All rights reserved. No part of this book may be photocopied, reproduced, distributed, uploaded, or transmitted in any form or by any means, or stored in a database or retrieval system, without the prior written permission of the publisher.

J. Kenkade Publishing
6104 Forbing Rd
Little Rock, AR 72209
www.jkenkade.com
Facebook.com/JKenkade

J. Kenkade Publishing is a registered trademark.

Printed in the United States of America

ISBN 978-1-944486-63-1

Unless otherwise noted, scripture quotations are taken from the King James Version® Bible, *Public Domain*.
Used by permission. All rights reserved.

This book recounts actual events in the life of Debra Myton according to the author's recollection and perspective. Some of the identifying details may have been changed to respect the privacy of those involved.

The views expressed in this book are those of the author and do not necessarily reflect the views of Publisher.

Table of Contents

Acknowledgments   9
Chapter 1 The Diagnosis   13
Chapter 2 The F.R.O.G.   23
   Fully Rely on God
Chapter 3 My Survival   33
Chapter 4 My Treatment   43
   Enemies Made My Footstool
Chapter 5 My Love to Life   55
You Say, God Says Bible Verses   67
Questions to Ask Your Doctor or Nurse   71
About the Author   83
References   *85*
Appendix   *87*
Spanish Translation   **97**

For my mother,
Ella Mae Hill Goodwin

Acknowledgments

This book was inspired by the thought, the courage, and the awesome desire to write my story about surviving ovarian cancer, the scare of my life! I was strongly encouraged and supported in writing my book by two friends, one family member, and one former student. You may ask, *"What is your story?"* Well, I'm glad you asked. Let me tell you. I have always been an optimistic, upbeat, and extroverted person. Whatever I decide to do or place as my goal, I strive to accomplish, and I always do. You may ask how that is. It is simple, and I sum it up with one word: God. You see, I've had a relationship with God since the age of eight. My mother, to whom this book is dedicated, Ella Mae Hill Goodwin, left me with something worth more than all the money in the world—she left me with the comfort and love which translated to the word of God. Since being introduced to God, I have found that He is all I need on this earth.

Dear God,

Thank you. I want to thank you for what you have already done. I am not going to wait until I see results or receive rewards; I am thanking you right now! I am not going to wait until I feel better or things look better; I am thanking you right now. I am not going to wait until people say they are sorry or until they stop talking about me; I am thanking you right now. I am not going to wait until the pain in my body disappears; I am thanking you right now. I am not going to wait until my financial situation improves; I am going to thank you right now. I am not going to wait until the children are asleep and the house is quiet; I am going to thank you right now. I am not going to wait until I get promoted at work or until I get the job; I am going to thank you right now.

I am not going to wait until I understand every experience in my life that has caused me pain or grief; I am thanking you right now. I am not going to wait until the journey gets easier or the challenges are removed; I am thanking you right now. I am thanking you because I am alive. I am thanking you because I made it through the day's difficulties. I am thanking you because I have walked around the obstacles. I am thanking you because I have the ability and the opportunity to do more and do better. I'm thanking you because father God, you haven't given up on me!
-Debra

God is just so good...

and He's good all the time! This is truly me thanking God every day of my life. I have lived my whole life praising, uplifting, and thanking God for everything in my life. I dreamed about my future life and wondered how God would bless me to live on this Earth. So, when I got the diagnosis from my doctor that I had cancer, I was not wavered at all simply because I knew if God bought me to it, He would bring me through it!

Amen!

1

THE DIAGNOSIS

What to do when you are experiencing fear?
"For God has not given us the spirit of fear; but of power, and of love, and of a sound mind. You did not receive the spirit of bondage again to fear, but you received the Spirit of adoption by whom we cry out, Abba, Father."

It was Friday, June 2005, and I was busy helping my husband, Clausey clean out his office in the Lakeview School District in Lakeview, Arkansas. We were happily laughing, talking, and reminiscing about our educational years in his office. All of a sudden, the loving cheer came to a grinding halt. My husband was on the telephone with a deathly serious look, and I was standing in front of him wondering what was being said on the other end of the telephone, as well as who was on the other end. My husband proceeded to speak with this person regarding me, which prompted my curiosity even more. So, in that, I hurriedly asked for the telephone. As I said earlier, my husband took the call and couldn't believe his ears. I was looking at him like an anxious kid trying to get the phone from their parents to speak with their grandparents to find out what the doctor was saying about me.

He was knocked off of his feet, and he sat down in disbelief acting as if he had received an immediate death sentence.

I was consoling him saying, "Honey, it will be okay. Please don't worry. I will be just fine. You will see."

When we made our way back to Little Rock, Arkansas, and met with the oncologist doctor, he immediately started telling me and my husband that the surgery will be *this* date and *this* time.

I said, "Oh, wait a minute! Surgery? I am not here for surgery. I am here for a diagnosis of exactly what is wrong with some abnormal cells showing up on my pap smear."

He backs up and says, "Oh, okay. I thought a diagnosis or test had been done for you to know what was wrong."

I said, "No sir, it has not been done."

So, he immediately ordered the test for a second opinion to see if I indeed needed surgery or not. My body had never been cut on in my life, and I was not about to just let someone tell me that I needed to be cut on. No way! I have always been my own advocate for my body, as I suggest everyone do the same.

Well, the tests were in, and the results were unfortunate. I would have to have surgery, and if he could save at least one of my ovaries, he would do so. He wouldn't know what he could save until he went into my womb to see. Prior to getting to this point, my mind was racing because I was scared to death thinking about my daughters being two and five years young. I truly had the talk and walk with God, always believing that He would not take me from them. I was not afraid when the date and time finally came for the surgery, simply because God had assured me that I would be alright. He showed me in the spirit of my daughters being *angels* beneath my *wings*.

Can you imagine a 2-year-old and a 5-year-old not arguing, not fussing, not playing rough in the house because all they wanted was their mommy to be better and alive? Well, that's exactly what He did for me. I truly walked down the hallway to be prepped for my surgery with my husband, Clausey, by my side.

I remember saying to God, "Okay God, this is the old body that I am leaving behind, and now you are giving me a new one. I look forward to what you have in store for the rest of my life."

I was literally transformed through the six rounds of chemotherapy that I was given to kill the cancer cells as well as the good cells. When you have the spiritual talk, and walk daily with God, you can go through anything in this world and make it out alive. My cancer diagnosis never knocked me off of my feet because God had it!

I did not know what an oncologist was simply because no one in my family had cancer. My family members were diabetics and had high blood pressure issues. So, when my gynecologist referred me to an oncologist; I had no idea it was a cancer doctor. But I was never afraid because of my unwavering faith in God.

To my surprise, it was my new-found obstetrician doctor, Fred Newton in Little Rock, Arkansas. He explained to me that my pap smear test resulted in some excessive cells that spilled over into my vagina, but what was so unusual was that there were cells from my ovaries that should not have been floating around in my vagina area. He explained that I must return to Little Rock, Arkansas immediately to prepare for surgery with Dr. Lawrence Bandy, who was an obstetrician oncologist. Well, the word oncologist didn't register in my brain as a serious term. However, my husband sat down and was overcome immediately with grief and despair. I looked at him with a smile and as the positive upbeat person that I am, I asked him what was wrong.

He looked at me in sheer confusion and amazement and said, "Do you know what an oncologist doctor is?"

I replied, "No".

He said, "Debra... that is a cancer doctor".

Again, with my optimistic attitude and spirit, I said, "Oh! Well, I'm sure it will be benign; after all, cancer does not run in my family. We have diabetes, heart attacks, and/or strokes."

December 14, 2008

Something More than Money: Faith

"Faith makes the up look good, the outlook bright, and the future glorious." What do you do when you are experiencing fear? "For God has not given us the spirit of fear; but of power, and of love, and of a sound mind. You did not receive the spirit of bondage again to fear, but you received the Spirit of adoption by whom we cry out, "Abba, Father."

Thursday August 10, 2006

Dear God,

Today, as always, was beautiful and wonderful simply because it's a day you have made into existence. I met Debra Cumberbatch today while registering her son, Tor Cumberbatch in my office. She and I had a lovely conversation about traveling and the love of you. She immediately gave me this book, "Woman of Destiny Journal" by Debra Cumberbatch and two wonderful magazines—our spirits! We connected in a spiritual, loving, warm, and uplifting way that you allowed to happen. I know you have a destiny for my life, and I believe that it has started on this day.

My husband, Clausey, gave a wonderful and inspirational two-minute speech about his desire to help raise student achievement on Dr. Gloria Todd-Hamilton, Principal and Dr. Roy G. Brook's, Superintendent leadership team. God, help him to be successful. God has a divine purpose for me!

God, I am looking for direction from you for my destiny. I know that you have something great and wonderful in store for me. I need your guidance in order to fulfill my purpose in life. I know that there is something that you are determined for me to do, and I will listen with an open mind, heart, and spirit to receive your divine instructions.

Meeting Debra Cumberbatch today was the start of my divine destiny. I've been knowing that you want me to do something wonderful and great ever since my recovery from my illness when I met the doctor at UAMS and she said to me that it was by (you) God that we met today, May 2006. I knew that the destiny set for me by you was on its way. I have yet to know my purpose from you, but I am patiently waiting on you, for each day my spirit, my strength, and my soul is renewed and overjoyed waiting for my purpose.

Debra Myton Featured in Seek Magazine
Winter 2009

Winthrop P. Rockefeller Cancer Institute
University of Arkansas for Medical Sciences

This image and the article on the next page are excerpts from Seek Magazine.

Hinkel, N. (2009, Winter). Keeping the faith: A Spiritual connection pulls this school counselor through the challenges of ovarian cancer. *Seek Magazine,* 18-19.

profile

Debra Myton has a story of hope, healing and faith and she wants the world to hear it.

THAT'S WHY the 40-year-old ovarian cancer survivor has decided to share her saga with readers in the form of a book, which she intends to pen sometime this year. With the help of her physician, Juan Roman, M.D., associate professor in the UAMS Division of Gynecology Oncology, the happy ending is right on track.

"Without the strong relationship I have with God, I have my doubts that I ever could've gotten through this," said Myton, a guidance counselor at Parkview Arts & Science Magnet High School in Little Rock. "I feel like it's my duty to spread the word to whoever will listen that when life throws you a curve like it did me, that faith can bring you through."

So much so that writing the book in English isn't enough. Because she's always up for the challenge of honing her skills, Myton said she's going to translate the book herself into Spanish in hopes it'll keep her sharp for a future family trip to a Spanish-speaking locale.

Chapter One

Myton's story begins with a routine gynecological checkup in fall 2002 while pregnant with her second daughter, Jamaica, who is now 6 years old.

"When I had a checkup during my second pregnancy, they said my ovaries looked enlarged and that we needed to watch that," Myton said.

That was the first sign in a series of events that ultimately led to a shocking phone call shortly before she and her husband, Clausey, left the Helena-West Helena School District for jobs in the Little Rock School District in 2004. The call brought news that her CA-125 protein levels had doubled; often an ominous sign that ovarian cancer is present.

The Plot Thickens

And that's when she believes a higher power began to help guide her.

"My husband's reaction to that phone call was far more serious in tone than mine," Myton said. "He immediately feared the worst, while I had an empowering feeling that I would take anything as it came and that it would all work out for the best."

Though a stage 2B ovarian cancer diagnosis followed, along with surgery and six rounds of chemotherapy soon after, Myton said her positive attitude and graceful aura persevered.

Losing her hair? "I thought to myself, 'I guess this must be working,' and took it in stride."

Six draining chemotherapy treatments? "I'd take them on a Friday and get back to work on a Monday."

Happy Ending

If faith was Myton's courage, it was her family that provided the strength.

"My daughters were 2 and 5 at the time. They knew I was sick, but I didn't have any problems with them," Myton said. "It was like God was also giving them strength. I didn't have to worry about them at all."

Now with Jamaica, 6, and Nia, 9, the Mytons are healthy, fit and planning several international trips to continue their journey through life.

"God was not ready to take me away from my girls or my husband," Myton said. "With the help of UAMS we're moving forward and not slowing down a bit." ∎

2

The F.R.O.G.
Fully Rely on God

Again, I was still not wavered at all. My husband Clausey was looking perplexed, stunned as if he had been hit really hard in the abdomen. I was still sitting there with an optimistic and an upbeat spirit. My husband sat me down, looked at me and said, "Debra, do you realize that you are in some serious trouble because the doctor has called you, and the doctor only calls you when it is serious?" Again, I only knew I had to get to the doctor ASAP, but I was still excitedly optimistic simply because of my relationship and faith with God. We finished up our work at his soon-to-be former workplace and proceeded to return to Little Rock. Well, I made my scheduled appointment on Monday, June 25, 2005, and Dr. Bandy was talking to me and my husband as if we knew that I would have surgery immediately. I was like, "Whoa! Wait a minute! What are you saying? I thought I was here to get a second opinion about my pap smear test."

He looked at me very stunned and said, "Well, let me examine you to see if I have the right facts about your condition."

He proceeded to examine me, and afterwards said that I was going to have to have surgery to remove my ovaries. Well… I was scared now because I never had a surgery in my life, and I had both of my daughters naturally. Also, surgery meant there were a lot of grave problems that could occur. But, I was with God, and no matter what, if He brought me into this crisis, He would see me through it.

Without further second opinions, I asked how soon we could schedule the surgery. Dr. Bandy scheduled it that Thursday, June 28, 2005. I had a little talk with God and knew everything would be alright. Dr. Bandy told my husband that if he could leave me one ovary, he would, but he wouldn't know how bad my ovaries, uterus, and fallopian tubes were until he looked inside. My husband was hurting inside, but he was determined he would be strong for our girls and me.

When I was pregnant with Jamaica, I was seeing a doctor in Little Rock who told me that my ovaries were enlarged and that I needed to watch that because it was probably a hernia. I had no idea that enlarged ovaries could mean ovarian cancer, *and I guess the doctor didn't either.* If I had known, I would have had the ovaries removed from my body. See, ladies? It is imperative that you stand up for your body and any and everything else in life. My grandmother-in-law said she has never known of a man that has had a child. Since they don't know anything about bringing life into the world, they most likely don't know anything about a woman's body either. That is why you must be an advocate for yourself and know your body. Speak up if things are not right or don't feel right. Ask questions and be proactive in every way that you can. I have always been outspoken and in tune with my body. Well, speaking to God about the change that was going to take place in my body, I simply said, "God, this body that I am feeling and know now will not be anymore; you are getting ready to give me a new body."

Well, here I was; it was Friday, June 28, 2005, and I was being prepped for my major surgery. I was absolutely terrified because I had never been cut on in my life. I was 36 years old with a 2-and-a-half-year-old daughter and a 5-year-old daughter who would be starting kindergarten in August 2005. I had both of these angels through natural births. With Nia, I was given an epidural, but with Jamaica I was not, and she hurt me a lot. But at least I was able to get up and walk after giving birth to her. I breastfed both of my daughters, and I had been pretty healthy all of my life. I couldn't believe that I was diagnosed with cancer, and one that I had never heard of before.

With my family by my side, I made it through my surgery only to begin my chemotherapy on July 27, 2005. The cells that showed up in my cervix after my annual pap smear in June 2005 caused me to have to see an oncologist because these were abnormal cells in my cervix area. This was God's way of saving me from death. This is not a usual way to find out about ovarian cancer. Ovarian cancer is not detected through a pap smear, even though my cells were found in my cervix after my pap smear. Again, this is by God's grace that it was found and found early, so my survival rate could and would be over 90 percent.

Most women have talked about a transvaginal ultrasound, rectal vaginal exam, and a CA 125 blood test as a diagnosis or detection for ovarian cancer. Again, pap smears are not enough because they test for cervical cancer, but do not usually detect ovarian cancer.

In my case, the ovarian cancer cells had spilled into the vagina wall where the doctor was testing for cervical cancer, but the cells were too unusual to be cervical cancer cells. Therefore, he immediately wanted me to see an oncologist (which, as I said earlier, I had no idea that was a cancer doctor).

You might wonder who is at risk for ovarian cancer. Well, the risk is greater for women who are 50 years old or older, have a family history of ovarian, breast, colon or uterine cancer, and have not had a child.

Well, you can see these risks may or may not apply to you because I was 36 years old, had no family history of any cancer, and had two children.

Therefore, you must be proactive in watching your health and taking care of your body.

After 3 hours in surgery, I came out a new woman. I received a total hysterectomy because my left ovary had ruptured inside of me and the right ovary was enlarged to about the size of an egg. We were okay with the hysterectomy because we didn't want any more kids. I would always say that one is enough and two is too many. My family was thankful and exceedingly happy that I survived the surgery, and everyone was supportive of my road to recovery regarding the six rounds of chemotherapy that I had to undergo because of the ruptured ovary that spread some cancer cells to my uterus and pelvic area. The cancer cells never spread in my body to my lymph nodes, nor pelvic tissues and fluids.

After the surgery, I had to start chemotherapy, and my oncologist and nurses informed me about the symptoms that I might experience with this poisonous chemotherapy.

One experience in particular was the hair loss.

I clearly remember one morning, God woke my husband and me. We were in the bathroom together and I said, "Well honey, I guess this stuff is working because look..."

I pulled my hair and clumps and clumps just came right out. I was able to throw it away in the trash can.

"...my hair is coming right out."

My husband just grabbed me and hugged me tight.

When I shared this experience with my mother-in-law, Della Myton, she said,

"Let me know when you are completely bald, and I am going to shave my head in honor of you".

I cried when she said this, and I said to her, "No, you don't have to do that."

She replied, "Are you sure, because you know I will?"
I said, "I am sure."

Friday August 11, 2006

Dear God,

Today, you awake me to love and kindness, and I go forth with your love and support. Thank you so kindly for allowing me to pick up my girls in Brinkley today from my mom, Della. Thank you for allowing her to return safely to her home in Helena. Each day that I write you, my will to live for you grows stronger each day, and you guide me as I write and give thought to what I say. God, I need guidance on the right nutrition for my body as well as the food I need to serve my family for their bodies. Please bless James, Kai, and Chyna Morrow as they journey through this life together. My spirit keeps telling me that you have something wonderful and awesome in store for me to do, so I can lovingly, graciously, and loudly serve you!

God deliberately created me!

God, I ask that you guide me, uplift me, and give me a sound mind and body to dwell in as well as hear the word of your works. I am patiently waiting and searching for that destiny that you have awaiting me. God, grant me the serenity to raise Nia and Jamaica as women of destiny. God, give me the vision—a vision that you have for me. Use me at your will. I know that you will test me, guide me, direct me, and uplift me to the destiny you have designed and created just for me. I am excited about the awesome destiny that awaits me!

Thank you, God, for guiding my life and always inspiring my life as well as being a part of it. Thank you, Ella Mae Hill Goodwin, for giving me what I needed to survive which was God.

Thank you.
God deliberately created me!

Saturday August 12, 2006

Dear God,

Today was beautiful and blissful. You woke me this morning along with my family, and I was blessed to provide breakfast for my family. I also sent family and friends pictures for their exciting review. Thank you so much, dear Lord. I spoke with my Aunt Lilla today, and we had a blessed praise discussion of you and your awesome blessings. I'm always so thankful to praise you! God, each day I know I am a woman of destiny and each day, I know my purpose is coming soon from you. You know God. I am excited to see what you are going to have me doing in the future. You've blessed me with so much, and I'm so rich because of you.

Divine purpose is inside of me.

You know I always tell people that my mother, Ella Mae Hill Goodwin, left me with more than a million dollars; she left me with the word of God (you). I am so fortunate to have had her for 36 years of my life. I know that she is one of your angels in Heaven watching over me and my family as well as my other siblings. I know she is smiling wholeheartedly on me because she knows my purpose from you. I believe it is inside of me, and you will reveal it to me when it is time. Just like you brought this "Woman of Destiny" journal to me. I thank God for guiding my thoughts, preparing me for my purpose, and allowing me to be here with and for my family. You are a great God! You are the greatest! Thank you with my heart, always much love.

-Deb, Divine purpose is inside of me.

3
My Survival

Faith-Father Who Art in the Heavens

When I acquired this cancer diagnosis, I not only did my daily and lifelong walks and talks with God, but I started researching everything about the cancer that invaded my body from the cause to the treatment. Boy, did I discover a lot! One thing for sure that I can say that my change of eating, which started in 1988, was the reason I was caught early, and I am alive today. I will tell you later all about the nutritional transformation, but now I want to tell you about ovarian cancer. This is a cancer that only women get because of our ovaries. It is a serious cancer as all cancers are, *so you already know my being here and writing this book is by God's grace!* I would like to give you a little background on ovarian cancer as it relates to the American Cancer Society statistics. Cancer starts when cells in the body begin to grow out of control. Cells in nearly any part of the body can become cancer and can spread to other areas of the body.

What is Ovarian Cancer?

Cancer that begins in the ovaries is called ovarian cancer. Ovaries are only found in women. Women only have two ovaries that are located on the side of their uterus that has fallopian tubes leading from each ovary to the uterus. Your ovaries allow you to produce eggs for reproduction. Hence, how we have our children.

As you know, cancer can be benign or malignant depending on the type of tumors that occur in your body. The ovarian cancer tumor that occurred in my body according to my doctor's pathology report was a *glandular epithelial tissue* with reactive, stromal change, consistent with *metastatic papillary*— serous carcinoma. When your cancer is malignant, it can spread to other parts of your body and be fatal.

Unfortunately, my cancer was malignant, but through God's grace, it had not spread to other parts of my body. Therefore, it was considered to be caught early and I received an early stage level which resulted in a higher percentage of survival. I was at Stage II-B, and there was no evidence of metastasis to other parts of my body.

Praise God! It's by God's grace!

According to Leifer and Lindstrom-Leifer (2015), when cancer is suspected, there are five types of testing the cancer patient receives which are a physical exam, laboratory test, diagnostic imaging, biopsies/subsequent pathology findings, and generic testing. At least four out of these five tests help doctors to confirm the patient diagnosis. Leifer and Lindstrom-Leifer stated that cancer has five categories which consist of Carcinoma, sarcoma, lymphoma, leukemia, and myeloma. Ovarian Cancer falls under Carcinoma because this cancer forms in the epithelial tissue that covers or lines surfaces of organs, glands, or body structures. Carcinomas account for 80 to 90 percent of all cancer cases. When you receive an ovarian cancer diagnosis, there are ten things you should do that will help you get through this difficult time before and after your diagnosis. (pp. 6-10)

According to Conner and Langford (2003), the following are the ten things to do now:

The first thing you must do is find a Gynecologic Oncologist. Remember, I said earlier that I didn't know what an oncologist was.

The second thing is to understand the quality of your surgery. This will help you on how you recover for the long term. (p. 2)

The third thing is to consider reviewing your pathology report. While writing this book, I am going to review my pathology report with my doctor. (p. 3)

The fourth thing is to speak up and ask questions. I spoke about how I asked questions and got a second opinion. (p. 4)

The fifth thing is get connected with other ovarian cancer survivors. I spoke earlier about how I joined a support group and sought out ovarian cancer survivors who gave me hope! (p. 5)

The sixth thing is to consider clinical trials based on

your cancer treatment. (p. 6)

The seventh thing to do is tap into ovarian cancer organizations and other cancer related resources. (See appendix)

The eighth thing to do is tell your family, friends, and coworkers. (p. 8)

The ninth thing to do is get a support system in place to help you through treatment and recovery. (p. 9)

The tenth thing to do is if you need professional help in order to cope, ask for it. (p. 10)

Sunday August 13, 2006

Dear God,

Today was awesome and beautiful as each day you give me and many others in this world. We (Nia, Jamaica, and I) praised and worshipped you today at Crystal Hill Assembly of God. We went back at 6 p.m. today to praise and worship you again as we embark upon the task of a new school year once again. Father, we know we can do all things through you who strengthens us each and every day.

As Matthew 7:12 states, "Do unto others as you would have them do unto you," **(KJV).** I am always excited about life and the awesome responsibility of raising Nia and Jamaica. Again, I thank you for allowing me to do that as well as be a wife to my husband, who I pray for each day to become stronger in you. I believe he is a man destined to do your work. You know his heart, and I know his heart. I pray for your continued guidance for me and him.

God has fearfully and wonderfully made me.

Thank you for preparing me to be a prisoner of hope. You have fearfully and wonderfully made me; therefore, I see my image of you. God, thank you for allowing me to become cancer free! (Praise the Lord! Hallelujah!!) (Thank you, Jesus!)

However, I know that you healed me for a purpose simply because you have a plan of Greatness and Pure

Destiny set for my life! My heart and my soul beams with excitement just thinking about the awesome journey you are taking me on! You know... I hope I'm able to help people like Oprah Winfrey!

September 5, 2006. September 2, 2006.

Happy 38th birthday to me! This day was extremely blessed and beautiful. God awoke me and my family on this awesome, sunny, quiet, serene, beautiful day! I cleaned my house and rested my body while my family shopped for some beautiful clothes for me at Dillards. My girls and my husband were beautiful in every way. My husband took me to the 1620 restaurant which was superb in every way. Needless to say, I enjoyed my day in every way. My sister Rita called me, and my best friend, Leesher (who is Jamaica's godmother) and her mom, Mrs. Washington (80 years young in June 2006) visited me which was a joy. Thank you, God, for an awesome day and time well spent with loving people.

Debra Attending "Teal Light Night" Honoring Cancer Survivors

Hosted by the Arkansas Ovarian Cancer Coalition to Raise Awareness for Ovarian Cancer

Note: Teal is the color that symbolizes ovarian cancer survivors.

Debra Attending the "Shades of Teal" Luncheon Honoring Cancer Survivors

Hosted by the Arkansas Ovarian Cancer Coalition to Raise Awareness for Ovarian Cancer

Note: Teal is the color that symbolizes ovarian cancer survivors.

4

My Treatment

What is chemotherapy? Chemotherapy is a method of cancer treatment that employs a variety of chemical agents to destroy or stop the growth of abnormal cells. People are often frightened by this cancer treatment because of stories regarding the side effects of chemotherapy. The truth regarding this treatment simply depends on the drug or drugs being used and can vary greatly. Some people experience few, if any, side effects; others experience a number of temporary side effects at various times during the treatment program. In my case, I only experienced the most common side effects, which had to do with areas of rapid cell growth, such as hair follicles, bone marrow, and the gastrointestinal tract. I experienced dry mouth and hair loss. The first order of treatment for my ovarian cancer was surgery and then chemotherapy. I braved the harsh chemotherapy treatment that killed my good cells and bad cells. The very last treatment had me about to die, and I walked crying all the way to the chemotherapy chair. My husband felt my pain and pleaded with the nurses to do something about the pain, or else I felt I could just not have the last treatment. My husband wasn't used to seeing me cry unless it was death. He asked if he could take the treatment for me because he just didn't want me to endure it anymore. God knew I couldn't do one more treatment, so He got me through that last one.

Do you remember the verse, Mark 5:25-28? Well, to summarize it, the woman with the blood issue said, "If I may touch the hem of his garment, I shall be healed."

Well, I can honestly tell you that I felt exactly like this woman, and I believed I had touched the hem of His garment through my continuous prayer and faith!

I was never in doubt, and I never had a dark day of feeling like I was not going to make it even when I cried on the last treatment day. I felt like I was falling, but I was praying on my way down that hall and asking God to help my husband and me.

"Please help us and give us strength to make it. I believe in you, and I know you are with me. Please God!"

And I felt like I had touched the hem of His garment because God lifted me up. **I was a soldier on the battlefield for God in finishing the last treatment by God's grace!** I continue to meditate with God daily even in the midst of good times. I challenge you to have a spiritual relationship with God on a daily basis because you can't be in this world and not know that

God exists among your spirit. God is in you because He lives in you. Always say a prayer (A.S.A.P.), fellowship, and meditate with God on a daily basis. When I had my divine spiritual healing in place, then my survival was in place for my life.

Enemies Made My Footstool

When I arrived at my new job on August 16, 2004, my birthday was coming up on September 2, 2004.

I politely said to my boss, "My birthday is September 2nd." And she sternly said, "We don't celebrate birthdays around here."

I did my job well, and after completing a fun-filled fast year, I found myself diagnosed with ovarian cancer after having surgery on June 28, 2005. When my birthday came again on September 2, 2005, that same boss celebrated my birthday by purchasing a cake from Community Bakery and singing "Happy Birthday" to me with her immediate staff.

God always makes your enemy your footstool. While going through cancer treatment, I continued to work and do my job well. The boss and her staff supported me through the process by allowing me to take off on Fridays and return on Mondays. They were also loving and kind, but my immediate office co-workers were not loving and kind. One co-worker was nice only to be nosey about my life. The other co-worker was jealous and unsupportive the whole time.

When the boss left, and we received a new boss, the jealous co-worker that had been unsupportive of me the whole time was excited to be able to verbally voice her dislike for me. She knew, as a cancer patient, that I did not need stress, unkindness, and fighting on the job. So, she decided to show me that she wanted me dead. She lied on me continuously by always trying to set me up on my job by saying that I didn't do something right or I didn't complete my assignment.

These are the things she did with the former boss and the new boss. The former boss decided to put her on probation to remove her from her job because she was that bad. The only thing that saved her was the former boss retiring. The new boss was a good friend of her family, so she knew she had escaped the threat of losing her job. Since the new boss allowed her to do whatever she desired, and she knew the new boss would support her wrong or right, she jumped on me about everything she could. She wanted to make me leave the job that I did so well and enjoyed so much.

Because of my health and the continued conflict with this jealous co-worker, I decided to leave the job. God placed me in a wonderful job with wonderful co-workers in the building who made my job so easy that I could do it with my eyes closed. *There were some evil people that I encountered on the new job that I had to work with closely, but God placed an angel in my path who knocked those two devils out of the way!* Won't God do it? Yes, He will every time. The true lesson is in the struggle that takes place between the dream and reality.

God brought me through the ovarian cancer scare, the cancer treatment, and the jealous co-worker with the new boss. My faith never waned, never wavered, and always remained steadfast toward being cured and living for my family. I am writing about my story to you right now because of my faith in God! I am here on Earth because of God, and I know this story that I am writing to you is for you to know how real God is in your life. My dream was to live life and love the life I live while helping someone along the way. The reality is that I am loving my life, enjoying my life, and helping many others along my way. That struggle is a thing called life.

Life can be a struggle or it can be a joy.

Why do I say that? Because it is what you make it with the grace of God. Many things happen to people on this journey called life, but how you react to it is how your life can be a struggle or a joy. I have always had a joyous life; therefore, the ovarian cancer scare was never a struggle to me because of my undying faith in God for my healing. I talked to many people about cancer. I sought out people who had cancer, and I researched everything I could about it.

In my quest for learning about cancer, the people I encountered became the wind beneath my wings, along with my family. One lady I found had ovarian cancer back in the 1960's when there was little medical knowledge of this and many other diseases. This woman is still alive today and in her 60's, and you would never have known she had ovarian cancer because she doesn't look like she has ever been sick a day in her life. That gave me all the hope I needed, and I knew God was letting me keep my faith by finding these people.

When I was at my treatment center, I had a nurse tell me about her cancer and nutrition. Again, God was sending my confirmation about this cancer scare. In calling the American Cancer Society and other cancer centers, I learned of the survival rates for African-American women and how rare it is for someone like me to get this cancer. My final confirmation was from a doctor who told me that her mom died of ovarian cancer. After she had her two kids, she had a total hysterectomy so she would not get ovarian cancer.

She also said to me, "God is not through with you Debra Myton. He has something else for you to do here on Earth."

This brought tears to my eyes and joy to my heart because I had felt this and believed this, and here she was as an angel telling me this—another confirmation from God. God is the greatest!

September 30, 2007

Today, I write in my journal from September 5, 2006. This was a serene, quiet, sunny, and beautiful day today–Sunday, September 30, 2007 the last day of September 2007.

I see my Father's image of me.

I've been better than blessed from the last day I wrote in my journal, which has been a year ago and 15 days to be exact. God has blessed me to celebrate my 39th birthday in which I've lost exactly 37 pounds since January 29, 2007. My weight thus far is 166 pounds and my body index is 39.4%. I have a way to go, but with the grace of God and my trainer, I will get there. My family has been supportive. My daughters, Nia and Jamaica have been extremely supportive, happy, and excited about me losing the weight. My husband is happy that I'm finally losing weight, although he hasn't been extremely supportive. He has been somewhat supportive. He is trying to find his way on being supportive to me. But I have to stay strong for me, the girls and him in order for him to see how supportive he should be.

I see my Father's image of me.

Today, I will perform my first signing for God at Crystal Hill Assembly of God at 5 p.m. I'm excited about signing to God's song, "Glory, Glory, Hallelujah He Reigns."

God, you are awesome and great in every way and I want to thank you for always letting me hold on to your unchanging hand. I know that greatness is planned for me and my family and I am patiently waiting on you. I am humbly grateful for all of the good, the little storms, and the big storms that have happened in my 39 years of living thus far. However, I know that there is more to come, and I am excited about the awesome possibilities. I am determined to be who you have called for me to be. Thank you! Loving you to life always and forever!

-Debra Denise Goodwin Myton 9-30-07.
Determined to be who God called me to be.

September 30, 2007

Patiently waiting on you.
In your presence, I am strong! In your presence is where I belong!

August 3, 2008

Today is Sunday, August 3, 2008, and I am sitting in your sanctuary listening to Pastor Terry Newman preach about Isaiah 5:13-14. At this writing, I had my first Bible study ever with Joan and her husband, John, on Saturday, August 2, 2008 at 5 p.m. at my house. We discussed the chapter of Daniel 2:1-49. I met Mrs. Joan, who is from the island of St. Vincent, in my UALR/LRSD cyber Teacher College Class this summer, June 9, 2008- July 25, 2008.

I know that it was your grace (God) that we met. She truly believes that you, God, caused us to meet. I brought my Bible to cyber class one morning because I didn't get to read Galatians 5: 16-25 and Ephesians 6:10-20.

When Joan saw me with my Bible, she said, "This young lady is studying the Bible and seeking God's truth."

I truly enjoyed my Bible study class with Joan and her husband. We prayed prior to studying and we studied Daniel 2:1-49. Joan told me she is going to bring me a notebook to keep my study notes in, and we prayed after we stopped studying. God, I can truly see that I am on my way to fulfill the plan that you have destined for me.

My soul and spirit smile brightly when I think about the awesome plan you have set for me. I know that you know the plan you have for me is to be a faithful servant for your praises and truth. You are an awesome God, and all battles are yours! While I lovingly, patiently, and happily await on your divine plans, I am becoming more dedicated, determined, devoted, and directed for your great plans.

God, I thank you and praise you daily for the support, love, direction, and greatness that you continue to bestow upon me in every special way. I know that the meeting of Joan is just another part of your great plan that you have for me. This is actually 11 months and 27 days since I've written in my "Woman of Destiny" journal. I am embarking upon my 40th birthday, September 2, 2008, and I am starting back with my trainer on August 18, 2008 to remove the rest of my weight from my body. All praises due to God.

God knows the plans that He has for me.

5
My Love to Life

To me, God is a supernatural spirit that radiates in every human being on this Earth. God's medicine for me is my unwavering faith in that I speak nothing but costiveness and love regarding myself and others. This medicine was the beginning of my healing because speaking life, love, and happiness put me on the road to my cancer healing in my body. This was the start of my survival of this disease. As I have stated before, *I have always been a positive and upbeat person, and my personality did not change when I was given the cancer diagnosis.* My words and loving personality had become my survival for life.

This is why I never said, "Why me?"

I have always loved life and lived my life with love and kindness toward everyone: family, friends, and strangers. I have always been a forgiving person. My high school classmates in every grade voted for me to receive 6 out of 12 "Who's Who" awards in high school. The other six that I didn't receive, one of my friends received in honor. I have always been told by family and friends that I am a lovable person. Little did I know that my personality and loving spirit would fit the bill of a cancer diagnosis.

But I can tell you that your survival for this disease or any medical diagnosis is God's medicine.

Speak life over your diagnosis because it is God's medicine. *When you speak life, your brain is reflecting positive and happy thoughts which releases serotonin, and therefore your immune system feels good.*

As a living witness of continuing my positive thoughts, acts, and attitude, God healed my body. Friends and family who know me believe that I have never been sick a day in my life. I always tell them that God did it for me. I never believed God would take me away from my children and husband. My faith was never ever wavered because God's spirit was radiating within me from an early age. I have never not thanked God on a daily basis, and as time grew over the years, I realized that I didn't have to keep getting down on my knees. I didn't have to have a designated place, nor did I have to have a designated time to pray and thank God for all that He has done and continues to do for me on a daily basis. I realized, over time, in my continued praying of my circumstances or situations (you have to pray; no one else can do it for you) that God's medicine was healing my body through spiritual means.

I was being healed by God and the man-made medicine that God's hand had directed. When you are diagnosed with cancer, it is important to learn as much as you can about the specific type of cancer and the cancer treatment. The more you research about your particular cancer diagnosis, the better you will be able to participate in your treatment program for your cancer. When I actually went in for my first chemotherapy treatment, I vividly remember saying to God,

"Well this body will be no more, and after this chemo treatment, I will receive a new body with your beauty and grace."

As I was on my way to healing through God's spirit and man's hands, I was learning how to treat the new body. As I spoke earlier, I lost my mother in May of 1999. I remember many conversations with my mom, Ella, and in one conversation, she told me I needed to get me a garden going and go back to growing my own foods. I remember thinking to myself,

"Oh, mama doesn't know what she is talking about."

Well, it turns out she knew more than I thought at the time. I spoke to many nurses, doctors, nutritionists, personal trainers and people into health and fitness regarding my diet. I became a research nutritionist and health person.

This aspect of my cancer journey was one that I enjoyed learning about. I learned about exercises, food and nourishment for my body. If you are like me, I always like to know how someone loses weight and what exactly they did to lose the weight. I do not like the blanket answers that I usually get such as:

"Oh, I just cut back on my food," or "I just watched what I ate," or "I used this weight loss program or that weight loss program."

These statements were so inadequate to me in explaining how to eat right, change my diet, and most of all, lose the weight. Well, as I told you earlier, I am a researcher and a resource to myself and others. So, I became a voracious reader regarding diet, exercise, nutrition, and ovarian cancer. I also worked out with three different trainers. One trainer helped me to lose over 50 pounds, but it returned, and one trainer had me really fit, but the nutrition wasn't there. The last one kept me fit without helping with nutrition. But all three always said that weight loss starts with the diet. So, the one thing I learned was that no matter how much I worked out, if I didn't change my diet, (or my eating which translates into foods that I eat on a daily basis) that exercise will not take the weight off.

Yes, if you want to lose weight, it starts at the table. I can tell you that all of my research and all of my reading has led me to know that the trial-and-error of diet and exercise has to be worked out for each person's lifestyle. You have to figure out what works best for your lifestyle such as, "*Are you a morning person for exercise or are you an evening person?*"

It's the same with food. Some people can eat certain foods that give them gas while others can eat foods that make them bloat. You also have to take into account your age because of your metabolism. One thing I have to tell you is that you should exercise everyday if you can, if you are not eating right—oh, this is another statement I dislike: *"If you are not eating right."*

What does that mean? It simply means that if you are eating fried foods, sweets, and no vegetables and fruits, the weight will not leave your body. But when you exercise, it helps the organs in your body to push the food along the arteries, so they won't get clogged up.

Exercise gives your internal organs so many benefits so that people who eat foods that are bad for their organs can still make it with their bodies because they are helping the organs to stay vital and active. So, let's talk more about this nutrition. As you know or may not know, *every human being has cancer cells within their body.* So, what does that mean? Why do some people get a cancer diagnosis and some don't?

It has to do with your genes from your mother and father, your diet, environment, and your lifestyle. Because of these issues within people's lives, the cancer cells can develop into a cancer or not. The unique thing about your body is that it has natural defenses to defeat cancer-causing cells so they never get to become a cancerous cell. So, how do you become an anti-cancer survivor? Well, you start with your diet by eliminating cancer-causing foods. Remember, I said earlier that my mother said,

"Debra, you need to start growing your own food."

Well, I did start, and I do have a garden of some vegetables. However, I know you may not be able to start a garden, but you can go to the farmer's market and the fresh produce section in the grocery store. I made small changes over time in my diet before I was diagnosed with cancer, and I have continued to make the dietary and lifestyle changes in my life since the cancer diagnosis.

Before, I was eating chicken, fish, beef, and pork. I stopped eating all of those meats in 1988 except chicken and fish. I restricted the chicken and fish to baked only. I cut out all fried foods, and my body thanked me each time I ate healthy. I was never a big eater, but I like to snack. What I learned is that you should eat five to six small meals a day to keep your metabolism burning and to make sure your body doesn't think you are going into starvation mode.

I also learned that your body needs healthy food, and healthy food tastes really good when you learn how to cook it. Trust me, your body will be so happy, and you will hear your cells saying, "*Thank you! I want more of that food; where has this food been?!*"

That's literally how my body felt and feels when I eat healthy, clean food. It has been a journey and a process for me to change my diet, but I work hard to continue to grow and learn about food and nutrition. You have to find the foods that work for you.

I list all the vegetables that I like and those are what I eat. You can figure out ways to cook the vegetables differently if you get bored. As with all foods, you should pick the ones from the healthy, clean-eating that you like and eat only those foods.

The same goes for exercising. Find something that you enjoy doing, and you will do it without feeling like it is a chore to you. When you find that exercise, your body will thank you for it. When I lost the 50-plus pounds, I was consistent, and I had a diet plan that consisted of 1200 calories and five to six small meals a day along with my eight glasses of water. When I prepared my meals for the day during the week, I liked that I didn't have to think about what I was going to eat.

It worked so well to be able to have your food prepared, so I would not eat processed food, fast food, or sweets. These are all the things that your body doesn't need because they will cause you to gain weight and possibly develop your cancer cells in your body. Try to eat clean for one day, and see how different your cells will act in your body. *If you listen to your body, it will tell you what works and what doesn't as well as what it likes and what it doesn't like.*

Again, as I said earlier, I made small changes in my life regarding my diet. I have tried being vegan for a month or more and it worked as long as I was able to prepare my meals in advance. But when you work, raise a family, and life challenges get in the way, you can revert back to a poor diet. But knowing what I put in my mouth could cause the cancer cells to develop into a cancerous tumor—benign or malignant—is enough to keep me motivated to get back up if I fall down.

I try to include all of the healthy foods in my diet such as turmeric, a shot of vinegar with water, flaxseeds in any food, fruit (in the morning because of the natural sugar content), and vegetables as much as possible simply because I eat my favorite vegetables; therefore,

I can get in the amount I need or possibly more than I need. When or if I do eat chicken and fish, I try to buy the grass-fed/organic. I try to use natural cleaning products around the house and non-toxic products.

I also exercise regularly. **I make sure I laugh a lot, smile a lot, and love people a lot because being a positive upbeat person is cancer prevention.** If you are a mean, angry person and you are jealous of others and hold grudges, you are an emotional toxic person. This personality is harmful to the body as are pollutants, bad food, and a lack of exercising.

People seem to want to react to problems with anger and negativity instead of kindness, love, and positivity. It is a challenge for some people to find the humor in adversity, and to love those who make life difficult for us. The most difficult changes of all can be the internal ones of the basic self. Whether you've had cancer or not, any person who wants to improve their chances of avoiding cancer should create a lifestyle change by exercising regularly, improving their diet through nutrition, and learning to love themselves as well as others by promoting positivity and kindness.

You should find the foods that you like to eat from fruits, vegetables, and meat (if you eat meat). Once you find all of your favorite foods from the food groups that you like, learn how to prepare the foods in the healthiest way for you.

Once you prepare the food menu and food preparation, eat six small meals a day, about 3 or 4 hours apart preferably (8 a.m., 11 a.m., 2 p.m., 5 p.m., 7 p.m., and 9 p.m.); no eating after 9 PM. If you work a night shift, the preferable times are the following: 8 p.m., 11 p.m.; 2 a.m., 5 a.m., 7 a.m., and 9 a.m. Then, you want to make sure you are exercising 30 minutes to an hour a day. I promise you that the weight will fall off if you are trying to lose weight and you will be healthy and strong, looking 10 years younger.

How can I promise this?

Because this is what is happening to me. I have also seen it happen to others who have this type of nutritious lifestyle. There are many exercises you can do from buying workout DVDs, workout equipment, and visiting gyms. I have found that when you work out in a group, you commit yourself to exercising your body regularly as you should each day. So yes, get a workout buddy or get in a workout group, or start a walking group…whatever!

Get moving, sister! So, to simplify everything about nutrition, you must have produce and protein along with healthy snacks and fruits on your plate. It is good to eat fruit early in the day because they have natural sugar. At night, when you want a snack, make sure it is a protein snack like protein powder with Greek yogurt which is considered "protein pudding." You can make lots of healthy meals and place them in a slow cooker. The key is having your food prepared so you don't grab the unhealthy foods.

October 25, 2008

Yesterday, Friday, October 24, 2008, I had a workshop for Pathwise Training, and I helped call at the Obama's campaign office for about two hours. Then I came home, and I called Dr. Rosetta Howard to tell her to send me her contact information regarding her New Millennium Workshop for Educators. She and I engaged in a lengthy conversation because I received an epiphany from God that I needed to write a book to spread my word of faith about surviving ovarian cancer. I then went to speak with my father-in-law, Clausey Myton, Sr., who encouraged me as Dr. Rosetta Howard had already done. Today (10-25-08), I talked to my best friend Leesher who equally encouraged me, and we came up with the title "Bound by Faith" (Ovarian cancer (cured) Survivor) by Debra Goodwin Myton.

Thank you, God!

God has plans to prosper me.

October 25, 2008

Quotes for my book:

"Too much credit is given to the end result. The true lesson is in the struggle that takes place between the dream and reality. That struggle is a thing called life."

"Fully Rely on God; Paperback Colors: Teal, Purple, & Gold."

(My picture on the front cover.)

God has plans to prosper me.

February 15, 2009

Today is Sunday, February 15, 2009, and I am sitting in church at Sign Language class. I talked with my brother, Junior, this morning and his wife, Jean, whose birthday is today. Junior really enlightened me on things regarding my family members. We had a good conversation. God, I am truly and sincerely trying to get back to my workout and remain close in contact with you.

Father God, I asked that you would continue to guide my soul and spirit so I can continue to walk closer with you and remain as one. My husband, Clausey Boyes Myton, Jr., told me that when I am truly in tune with you, I will be healthier, the weight will be gone, and my spirit will radiate you! This... I believe God, and I truly want this living spirit for myself and others. I believe in all that you do and continue to do in my life.

God has thoughts of peace toward me.

I leave with you that God has a positive answer and a positive call.

Note: **Please read the Bible verses and faith verses on the next page.**

You Say, God Says Bible Verses

You say: "It's impossible."
God says: All things are possible.
(see Luke 18:27)

You say: "I'm too tired."
God says: I will give you rest.
(see Matthew 11:28-30)

You say: "Nobody really loves me."
God says: I love you.
(see John 3:1-6 & John 3:34)

You say: "I can't go on."
God says: My grace is sufficient.
(see 2 Corinthians 12:9 & Psalms 91:15)

You say: "I can't figure things out."
God says: I will direct your steps.
(see Proverbs 3:5-6)

You say: "I can't do it."
God says: You can do all things.
(see Philippians 4:13)

You say: "I'm not able"
God says: I am able.
(see 2 Corinthians 9:8)

You say: "I can't forgive myself"
God says: I forgive you.
(see 1 John 1:9 & Romans 8:1)

You say: "I can't manage"
God says: I will supply all your needs.
(see Philippians 4:19)

You say: "I'm afraid"
God says: I have not given you a spirit of fear.
(see 2 Timothy 1:7)

You say: "I'm always worried and frustrated."
God says: Cast all your cares on ME.
(see 1 Peter 5:7)

You say: "I'm not smart enough"
God says: I give you wisdom.
(see 1 Corinthians 1:30)

You say: "I feel all alone"
God says: I will never leave you nor forsake you.
(see Hebrews 13:5)

"Faith gives us real eyes to realize what the real lies are" All these numbers may be phoned directly. No operator assistance is necessary.

All lines to Heaven are available 24 hours a day. Feed your faith and doubt will starve to death!

For reassurance, phone:
(Psalm 145:18)

You are hurt and critical, phone:
(1 Corinthians 13)

You are praying for yourself, phone:
(Psalm 87)

You are worried, phone:
(Matthew 8:19-34)

You are leaving home for a trip, phone:
(Psalm 121)

You require courage for a task, phone:
(Joshua 1)

Questions to Ask Your Doctor or Nurse

1. What tumor markers will be monitored during my treatment?

2. How will you use these markers?

3. How often will I be tested?

4. What other diagnostic measures will be used along with tumor markers to assess my response to therapy or confirm disease progression?

5. How will the decision be made if and when my current therapy needs to change?

> Be sure to discuss any questions you have about your therapy or condition with your doctor. These are questions that can apply to any illness or condition that you may encounter in life. You must take ownership of your condition and body. Asking questions of your doctor as well as having a trusted friend or loved one with you is imperative for your recovery.

Medical Notes

Quote 1

Mommy said, "You always know just what to do." And that I should put my trust in "you" and then Mommy said, "When she's out of answers she talks to you."

Where I am Now
What I've Learned
Still Learning
Eating Healthy
Call to Action

God is still blessing me with life, and I am continuing my lifestyle and eating changes to slim down to the size I would like to be. My journey continues with my healthy choices for everyday eating right. I have learned that this is the way to live life and love living your life: eating nutritiously and exercising every day. I work out five days a week, and it works well with my schedule. I continue to research about living healthy because as I age, I want to make sure I am doing what will work well for my body and my age. When you eat healthy and exercise regularly, it puts 10 years on your life. You will definitely look 10 years younger than your age.

As I write my story to help someone with any life-threatening illness, whether it is cancer or any other disease that invades the body, which is your temple, it is my sincere desire that I have enlightened you and helped you to focus and learn something. I challenge everyone who is reading this book to become a better you whether you have a life-threatening disease or not. You should want to grow and glow in life!

I have always had a thirst for life! And it goes without saying that I am walking by faith! I have learned to always let God be the guiding force in my life as well as be patient and wait on God. I am still learning to decipher the signs God sends to me about situations, whether they be good or bad. I am still exercising and eating healthy one day at a time. I pray that this book has been a blessing to you and that you have learned something that can and will help you in life.

I am continuously bound by God's faith.

Quote 2: Just Beautiful!

What makes me weak? **My fears.**

What makes me whole? **My God.**

What keeps me standing? **My faith.**

What makes me compassionate? **My selflessness.**

What makes me honest? **My integrity.**

What sustains my mind? **My quest for knowledge.**

What teaches me all lessons? **My mistakes.**

What lifts my head high? **My pride, not arrogance.**

What if I can't go on? **Not an option.**

What makes me victorious? **My courage to climb.**

What makes me competent? **My confidence.**

What makes me sensual? **My insatiable essence.**

What makes me beautiful? **My everything.**

What makes me a woman? **My heart.**

Who says I need love? ***I do.***

Who am I? ***I am a Woman of God! A God-fearing Woman of God!***

About the Author

DEBRA MYTON is a well-known, talented educator and audacious ovarian cancer survivor who is passionate about sharing her experience and connecting people by faith in God's truth. Debra enjoys reading, traveling (she spent a month in Medellin, Colombia with her family), teaching, counseling, and encouraging others to believe in themselves. She is a National Board Certified Teacher (NBCT), an online freelance writer, and 2018's Teacher of the Year. Debra is a published author with work published in The SEEK Magazine, Inviting Arkansas Magazine, AY About You Magazine and the Arkansas Democrat/Gazette. She and her husband, Clausey reside in North Little Rock, Arkansas, and are the proud parents of two beautiful daughters, Nia and Jamaica.

References

Leifer, J., & Leifer, L. L. (2015). After you hear its cancer: A guide to navigating the difficult journey ahead. Lanham: Rowman & Littlefield.

Conner, K., & Langford, L. (2003). Ovarian cancer: Your guide to taking control. Sebastopol, Calif. Cambridge: OReilly.

Appendix

Resources for Ovarian Cancer Organizations:

Ovarian Cancer National Alliance, http://www.ovariancancer.org

The National Ovarian Cancer Coalition, http://www.ovarian.org

Self Help for Woman with Breast or Ovarian Cancer, http://www.sharecancersupport.org

Gynecologic Cancer Foundations Women's Cancer Network, http://www.wcn.org

Our Motto
"Transforming Life Stories"

Publish Your Book With Us

Our All-Inclusive Publishing Package

Professional Proofreading & Editing
Interior Design & Cover Design
Manuscript Writing Assistance
Ghostwriting & More

For Manuscript Submission or other inquiries:
www.jkenkade.com
(501) 482-JKEN

Also Available from J. Kenkade Publishing

ISBN: 978-1-944486-19-8
Purchase at www.jkenkade.com

Life shouldn't be happening to us: we should be happening to life. This is what living in excellence is all about: Using every talent, gift, capacity and revelation that God has equipped us with and reaching our fullest potential. In this 31-Day guide, you will discover how meditating and reflecting on the word of God can pull you into His divine plan for your life. Prepare to expand past mediocrity and live a life of excellence.

Also Available from J. Kenkade Publishing

ISBN: 978-1-944486-13-6
Visit www.jkenkade.com
Author: Juanisha Neal-Finley

"Revealing the Secrets of My Hurt" is a life story of a young girl tormented by an abusive family. Young Cindy rewrites her experiences with a mother introduced to drugs, sexual abuse from her father, and death. Cindy reveals how strong God can make anyone in the midst of Satan's schemes. Experience her journey in, "Revealing the Secrets of My Hurt."

Also Available from J. Kenkade Publishing

ISBN: 978-1-944486-12-9
Purchase at www.jkenkade.com

We all have wondered why bad things happen. Often times, we never receive the answer to the questions that are asked. The content of this book will expose the unknown. This book teaches how to prevent failures and mishaps. Discover insights on increasing your faith, prophecies, the characteristics of the thoughts of men and women, prayer, religion, the symbolic meaning of numbers, relationships, and more!

Limitado Por La Fe

DEBRA MYTON

LITTLE ROCK, ARKANSAS

Limitado Por La Fe
Copyright © 2017 por Debra Myton

Todos los derechos reservados. Ninguna parte de este libro puede ser fotocopiada, reproducida, distribuida, cargada, transmitida en cualquier forma o por cualquier medio o almacenada en una base de datos o sistema de recuperación, sin el permiso previo por escrito del editor.

J. edición de Kenkade
J. Kenkade Publishing
6104 Forbing Rd
Little Rock, AR 72209
www.jkenkade.com
Facebook.com/JKenkade

J. edición de Kenkade es una marca registrada.

Impreso en los Estados Unidos de América
ISBN 978-1-944486-20-4

A menos que se indique lo contrario, las citas de las escrituras se toman de la Biblia de King James versión®, dominio público. Usada con permiso. Todos los derechos reservados.

Este libro relata hechos reales en la vida de Debra Myton según recuerdo y perspectiva del autor. Algunos de los detalles de identificación pueden han sido cambiados para respetar la privacidad de los involucrados. Las opiniones expresadas en este libro pertenecen al autor y no reflejan necesariamente los puntos de vista de Publisher.

Tabla de contenido

Agradecimientos — 101
Capítulo 1 El Diagnóstico — 105
Capítulo 2 La rana; Confiar plenamente en Dios — 115
Capítulo 3 Mi supervivencia — 125
    - ¿Qué es cáncer de ovario?
Capítulo 4 Mi tratamiento — 135
    -Enemigos hechos estrado de mis pies
Capítulo 5 Mi amor a la vida — 147
Que dices, Dios dice versículos de la Biblia — 160
Preguntas para hacerle a su médico o enfermera — 163
Sobre El Autor — 175
Referencias — 177
Apéndice — 179

Agradecimientos

¡Este libro fue inspirado por el pensamiento, la valentía y el increíble deseo de escribir mi historia sobre sobrevivientes de cáncer de ovario, el susto de mi vida! Me fuertemente alentado y apoyado en escribir mi libro por dos amigos, un miembro de la familia y un ex alumno.

Usted puede preguntar, "*¿Qué es su historia?* Bueno, me alegro de le. Permítanme decirles. Siempre he sido una persona optimista, alegre y extrovertida. Lo que decido hacer o como mi objetivo, me esfuerzo por lograr, y que siempre se hace. Os preguntaréis cómo es. Es simple, y resumir con una palabra: Dios. Verás, he tenido una relación con Dios desde la edad de ocho años. Mi madre, a quien este libro está dedicado, Ella Mae Hill Goodwin, me dejó con algo más de todo el dinero del mundo vale la pena, ella me dejó con la comodidad y el amor que traduce a la palabra de Dios. Desde ser introducido a Dios, he encontrado que es todo lo que necesito en esta tierra.

Querido dios,

Gracias... quiero darle las gracias por lo que ya has hecho. No voy a esperar a ver resultados o recibir recompensas; ¡Yo soy agradeciendo ahora mismo! No voy a esperar a que me siento mejor o las cosas se ven mejores; Am gracias ahora mismo. No voy a esperar hasta que la gente dice que sean o hasta que dejen de hablar de mí; Am gracias ahora mismo. No voy a esperar hasta que desaparezca el dolor en mi cuerpo; Am gracias ahora mismo. No voy a esperar hasta que mi situación financiera mejore; Voy ahora mismo muchas gracias. No voy a esperar a que los niños están dormidos y la casa es tranquila; Voy ahora mismo muchas gracias.

No voy a esperar a que han promovido en el trabajo o hasta que el trabajo; Voy ahora mismo muchas gracias. No voy a esperar hasta que entiendo que cada experiencia en mi vida que me ha causado dolor o pena; Am gracias ahora mismo. No voy a esperar a que el viaje lo pone más fácil o se eliminan los retos; Am gracias ahora mismo. Estoy dandoles las gracias porque estoy vivo. Soy gracias porque lo hice a través de las dificultades del día. Estoy dandoles las gracias porque he andado alrededor de los obstáculos. Soy gracias porque tengo la capacidad y la oportunidad de hacer más y hacerlo mejor. ¡Soy gracias porque Padre Dios, no ha renunciado a me!

-Debra

¡Dios es tan bueno, y es bueno todo el tiempo! Esto es verdad me agradeciendo a Dios cada día de mi vida . He vivido toda mi vida alabando, edificante y agradeciendo a Dios todo en mi vida. He soñado mi vida futura y se pregunta cómo Válame Dios para vivir en esta tierra. Así que, cuando recibí el diagnóstico de mi médico que tenía cáncer, yo no estaba vaciló en todo simplemente porque sabía si Dios me compró a él, ¡me llevaría a través de él!

¡Amén!

1

El diagnóstico

¿Qué hacer cuando tienes miedo?

Dios no nos ha dado espíritu de temor; pero de poder, de amor y de mente sana. No recibisteis el espíritu de servidumbre otra vez en temor, sino que recibió el espíritu de adopción por cuando clamamos, "Abba, padre."

Era el viernes, junio de 2005, y estaba ocupado ayudando a mi esposo, Clausey limpia hacia fuera de su oficina en el distrito escolar de Lakeview en Lakeview, Arkansas. Felizmente nos estábamos riendo, hablando y recordando nuestros años de educación en su oficina. De repente, el ánimo amoroso vino a un alto pulido. Mi marido estaba al teléfono con una mirada seria mortal, y yo estaba parado frente a él preguntando lo que se dice en el otro extremo del teléfono, así como que estaba en el otro extremo. Mi esposo procedió a hablar con esta persona con respecto a mí, lo que motivó mi curiosidad aún más. Así, en eso, que apresuradamente le pedí para el teléfono. Como he dicho antes, mi esposo tomó la llamada y no podía creer sus oídos. Como un niño ansioso tratando de conseguir el teléfono de sus padres para hablar con sus abuelos para averiguar lo que estaba diciendo el doctor me lo estaba mirando.

Él fue golpeado de sus pies, y él se sentó abajo en incredulidad actuando como si él había recibido una sentencia de muerte inmediata.

Yo me consuelo diciendo: "cariño, va a estar bien. Por favor, no te preocupes. Voy a estar bien. Verá."

Cuando hemos hecho nuestro camino de regreso a Little Rock, Arkansas y se reunió con el médico oncólogo, inmediatamente empezó a decirle a mi esposo y que la cirugía será *esta* fecha y *esta* vez.

Me dijo, "Oh, espera un minuto! ¿Cirugía? No estoy aquí para la cirugía. Estoy aquí para un diagnóstico de exactamente lo que está mal con algunas células anormales en mi Papanicolau."

Él retrocede y dice: «Oh, bien. Pensé que un diagnóstico, o habían hecha pruebas para que saber cuál era el problema.

Dije, "No señor, no lo ha sido hecho."

Por lo tanto, ordenó inmediatamente la prueba para obtener una segunda opinión ver si realmente necesitaba una cirugía o no. Mi cuerpo nunca había sido cortado en mi vida, y no fui a solo que alguien me dice que necesitaba para ser cortada en. ¡No es posible! Siempre he sido mi propio Defensor de mi cuerpo, como sugiero a todos hacer lo mismo. Bueno, las pruebas fueron en, y los resultados fueron lamentables. Tengo que operarme, y si él pudiera salvar al menos uno de mis ovarios, lo haría. No sabe nada de lo que podría ahorrar hasta que él entró en mi vientre a ver. Antes de llegar a este punto, mi mente fue carreras porque tenía miedo al pensamiento de muerte sobre mis hijas siendo joven de 2 y 5 años. Realmente tuve la charla y caminar con Dios, siempre creyendo que no me tomaba de ellos. No tenía miedo cuando la fecha y hora finalmente llegaron para la cirugía, simplemente porque Dios me había asegurado de que estaría bien. Me mostró el espíritu de mis hijas siendo *Ángeles* debajo de mis *alas*.

¿Te imaginas un niño de 2 años y un 5 año de edad no argumentando, no quejarse, no jugar áspero en la casa porque lo único que querían era su mamá a ser mejores y viva? Bueno, eso es exactamente lo que él hizo para mí. Verdaderamente caminaba por el pasillo a preparado para mi cirugía con mi marido, Clausey, a mi lado.

Recuerdo decirle a Dios, "Dios bien, este es el viejo cuerpo que estoy dejando, y ahora me está dando una nueva. Espero que lo que tienes en el almacén para el resto de mi vida."

Yo estaba literalmente transformado a través de las seis rondas de quimioterapia que recibí para matar las células cancerosas como las células buenas. Cuando tienes lo espiritual hablar y caminar diario con Dios, puede pasar cualquier cosa en este mundo y hacerlo hacia fuera vivo. ¡Mi diagnóstico de cáncerme llamó nunca fuera de mis pies porque Dios lo tenía! No sabía que un oncólogo fue simplemente porque no hay nadie en mi familia tenía cáncer. Los miembros de mi familia eran diabéticos y tenían problemas de presión arterial alta. Así, cuando mi médico ginecólogo me refirió a un oncólogo; No tenía idea que era un médico de cáncer. Pero nunca tuve miedo por mi inquebrantable fe en Dios. Para mi sorpresa, era mi médico obstetra nueva, Fred Newton en Little Rock, Arkansas. Me explicó que mi prueba de Papanicolaou dio lugar a algunas células excesiva que derramó en mi vagina, pero era tan inusual que había células de mis ovarios que deben no han estado flotando alrededor de mi zona de la vagina. Explicó que debo regresar a Little Rock, Arkansas inmediatamente a preparar para la cirugía con el Dr. Lawrence Bandy, que era un oncólogo de obstetra. Bueno, el oncólogo de palabra no registro en mi cerebro como término grave. Sin embargo, mi marido se sentó y fue superado inmediatamente con el dolor y la desesperación. Lo miró con una sonrisa y como la persona positiva y optimista que soy, le pregunté cuál era el problema.

Él me miró en pura confusión y asombro y dijo: «¿sabes lo que es un médico oncólogo?»

Le respondí, "No".

Él dijo, «Debra... que es un médico de cáncer».

Otra vez, con mi actitud optimista y el espíritu, decía, "¡Oh! Bueno, estoy seguro que será benigno; después de todo, el cáncer no se ejecuta en mi familia. Tenemos diabetes, ataques cardíacos o accidentes cerebrovasculares".

14 de diciembre de 2008

Algo más que dinero: fe

"Fe hace el bien mira hacia arriba, las brillantes perspectivas y el futuro glorioso."

¿Qué haces cuando tienes miedo?

"Dios no nos ha dado espíritu de temor; pero de poder, de amor y de mente sana. No recibisteis el espíritu de servidumbre otra vez en temor, sino que recibió el espíritu de adopción por cuando clamamos, "Abba, padre.""

Jueves, 10 de agosto de 2006

Dios mío,

Hoy, como siempre, fue hermoso y maravilloso simplemente porque es un día que ha hecho a la existencia. Conocí a Debra Cumberbatch hoy registro de su hijo, Tor Cumberbatch en mi oficina. Ella y yo tuvimos una conversación encantadora acerca de viajar y tu amor. Ella inmediatamente me dio este libro, "Mujer de destino diario" por Debra Cumberbatch y dos revistas maravillosas, ¡nuestros espíritus! Conectamos de una manera espiritual, amorosa, cálida y edificante que puede para suceder. Sé que tienes un destino para mi vida, y creo que ha comenzado en este día.

Mi marido, Clausey, dio un maravilloso e inspirador discurso de dos minutos sobre su deseo de ayudar a aumentar el logro estudiantil en Dr. Gloria Todd Hamilton, el Principal y el Dr. Roy G. Brook, Superintendente equipo de liderazgo. Dios, ayúdale a tener éxito. ¡Dios tiene un propósito divino para mí!

Dios, estoy buscando dirección de usted para mi destino. Sé que tienes algo grande y maravilloso en el almacén para mí. Necesito tu orientación para cumplir con mi propósito en la vida. Sé que hay algo que se determinan para que mí hacer, y yo os escucharé con una mente abierta, corazón y espíritu para recibir sus instrucciones divinas.

Reunión Debra Cumberbatch hoy fue el comienzo de mi destino divino. He saber que quiere hacer algo maravilloso y grande ya que mi recuperación de mi enfermedad cuando conocí al médico UAMS y ella me dijo que era por (tu) Dios que conocimos hoy, mayo de 2006. Yo sabía que el destino establecido para mí por estaba en su camino. Todavía tengo que conocer mi propósito de usted, pero estoy esperando pacientemente, cada día mi espíritu, mi fuerza y mi alma se renueva y alegría esperando a mi propósito.

Debra Myton Aprece en Buscar La Revista
Invierno 2009

Winthrop P. Rockefeller Cancer Institute
University of Arkansas for Medical Sciences

This image and the article on the next page are excerpts from Seek Magazine.

Hinkel, N. (2009, Winter). Keeping the faith: A Spiritual connection pulls this school counselor through the challenges of ovarian cancer. *Seek Magazine*, 18-19.

profile

Debra Myton has a story of hope, healing and faith, and she wants the world to hear it.

THAT'S WHY the 40-year-old ovarian cancer survivor has decided to share her saga with readers in the form of a book, which she intends to pen sometime this year. With the help of her physician, Juan Roman, M.D., associate professor in the UAMS Division of Gynecology Oncology, the happy ending is right on track.

"Without the strong relationship I have with God, I have my doubts that I ever could've gotten through this," said Myton, a guidance counselor at Parkview Arts & Science Magnet High School in Little Rock. "I feel like it's my duty to spread the word to whoever will listen that when life throws you a curve like it did me, that faith can bring you through."

So much so that writing the book in English isn't enough. Because she's always up for the challenge of honing her skills, Myton said she's going to translate the book herself into Spanish in hopes it'll keep her sharp for a future family trip to a Spanish-speaking locale.

Chapter One

Myton's story begins with a routine gynecological checkup in fall 2002 while pregnant with her second daughter, Jamaica, who is now 6 years old.

"When I had a checkup during my second pregnancy, they said my ovaries looked enlarged and that we needed to watch that," Myton said.

That was the first sign in a series of events that ultimately led to a shocking phone call shortly before she and her husband, Clausey, left the Helena-West Helena School District for jobs in the Little Rock School District in 2004. The call brought news that her CA-125 protein levels had doubled; often an ominous sign that ovarian cancer is present.

The Plot Thickens

And that's when she believes a higher power began to help guide her.

"My husband's reaction to that phone call was far more serious in tone than mine," Myton said. "He immediately feared the worst, while I had an empowering feeling that I would take anything as it came and that it would all work out for the best."

Though a stage 2B ovarian cancer diagnosis followed, along with surgery and six rounds of chemotherapy soon after, Myton said her positive attitude and graceful aura persevered.

Losing her hair? "I thought to myself, 'I guess this must be working,' and took it in stride."

Six draining chemotherapy treatments? "I'd take them on a Friday and get back to work on a Monday."

Happy Ending

If faith was Myton's courage, it was her family that provided the strength.

"My daughters were 2 and 5 at the time. They knew I was sick, but I didn't have any problems with them," Myton said. "It was like God was also giving them strength. I didn't have to worry about them at all."

Now with Jamaica, 6, and Nia, 9, the Mytons are healthy, fit and planning several international trips to continue their journey through life.

"God was not ready to take me away from my girls or my husband," Myton said. "With the help of UAMS we're moving forward and not slowing down a bit." ∎

2

La Rana
Confiar Plenamente en Dios

Otra vez, yo estaba todavía no vaciló en absoluto. Mi esposo, Clausey miraba perplejo, aturdido como si él había golpeado muy duro en el abdomen. Todavía estaba sentado allí con un optimismo y un espíritu optimista. Mi esposo me sentó, me miró y dijo, "Debra, ¿te das cuenta que estás en graves problemas porque el doctor te ha llamado, y el médico sólo te llama cuando es grave?"

Una vez más, sólo sabía que tenía que conseguir al médico cuanto antes, pero estaba todavía con emoción optimista simplemente por mi relación y mi fe con Dios. Terminado nuestro trabajo en su puesto de trabajo anterior pronto-a-ser y procedió a regresar a Little Rock. Bueno, hice mi cita en sábado, 25 de junio de 2005, y el Dr. Bandy estaba hablando con mi esposo y yo como si sabíamos que iba a tener cirugía inmediatamente.

¡Yo estaba como, «Whoa! ¡Espera un momento! ¿Qué dices? Pensé que estaba aquí para obtener una segunda opinión acerca de mi prueba de Papanicolaou».

Él me miró muy sorprendido y dijo: «Bueno, déjame examinarte para ver si tengo la derecha hechos acerca de su condición.»

Procedió a me examinar a y luego dijo que iba a tener que tener cirugía para quitar mis ovarios. Bien... Yo tenía miedo ahora porque nunca tuve una cirugía en mi vida, y dos de mis hijas tuve naturalmente. Cirugía significó también, había un montón de graves problemas que podrían ocurrir. Pero, estaba con Dios, y no importa qué, si él me trajo a esta crisis, que iba a verme a través de él.

Sin otras segundas opiniones, pregunté cuánto que podríamos programar la cirugía. Dr. Bandy programado qué martes, 28 de junio de 2005. Tuve una pequeña charla con Dios y sabía que todo estaría bien. Dr. Bandy dijo a mi esposo que si él me podría dejar un ovario, que lo haría, pero no sabe lo mal mis ovarios, útero y trompas de Falopio estaban hasta que miró dentro. Mi marido estaba sufriendo dentro, pero él se determinó que sería fuerte para mí y para nuestras chicas.

Cuando estaba embarazada de Jamaica, que estaba viendo a un médico en Little Rock que me dijo que mis ovarios fueron agrandados y que necesitaba ver eso porque era probablemente una hernia. Yo no tenía idea de que el agrandamiento de los ovarios podría significar cáncer de ovario, y supongo que el médico o no.

Si yo hubiera sabido, hubiera tenido los ovarios de mi cuerpo. ¿Ver, señoras? Es imperativo que se pone de pie para su cuerpo y cualquier y todo lo demás en la vida. Mi abuela-en-ley dijo que ella nunca ha sabido de un hombre que ha tenido un niño. Ya que no saben nada de traer vida al mundo, más probable es que no saben nada acerca de una mujer ya sea del cuerpo. Por esta razón debe abogar por ti mismo y conocer su cuerpo. Hablar si las cosas no están bien o no sentirán. Hacer preguntas y ser proactivos en todos los sentidos que puedas. Que siempre han sido abiertamente y en sintonía con mi cuerpo. Bien, hablando a Dios sobre el cambio que iba a tener lugar en mi cuerpo, simplemente dije, "Dios, este cuerpo que siento y saber ahora no será más; están preparando para darme un nuevo cuerpo."

Bien, aquí estaba; era martes, 28 de junio de 2005, y estaba siendo preparado para mi cirugía mayor. Estaba absolutamente aterrado porque yo nunca había sido corte en mi vida. Tenía 36 años con una hija de 2-and-a-half-year-old y una hija de 5 años de edad que sería a partir Kinder en agosto de 2005. Tuve dos de estos ángeles a través de nacimientos naturales. Con Nia, me dieron una epidural, pero Jamaica no estaba y ella a mí me dolió mucho. Pero al menos era capaz de levantarse y caminar tras dar a luz a ella. Me mama alimentado tanto de mis hijas, y había sido muy saludable toda mi vida. No podía creer que me diagnosticaron con el cáncer y que nunca había escuchado de antes.

Con mi familia a mi lado, hizo mi cirugía sólo para

comenzar mi quimioterapia el 27 de julio de 2005. Las células que demostraron para arriba en mi cuello uterino después de mi prueba de Papanicolaou anual en junio de 2005 me causó a tener que ver a un oncólogo porque se trataba de células anormales en el área de mi cuello uterino. Esta fue la manera de salvarme de la muerte de Dios. Esto no es una forma habitual para obtener información sobre el cáncer de ovario. Cáncer de ovario no se detecta a través de un Papanicolau, a pesar de mis células se encontraron en mi cuello uterino después de mi prueba de Papanicolaou. Una vez más, esto es por la gracia de Dios que se encuentran y encontrar temprano, así que mi tasa de supervivencia podría y sería más del 90 por ciento.

Mayoría de las mujeres ha hablado de un ultrasonido transvaginal, examen vaginal rectal y un examen de sangre CA 125 como un diagnóstico o detección de cáncer de ovario. Otra vez, frotis de Papanicolaou no son suficientes ya que prueba para cáncer de cuello uterino, pero no suele detectar cáncer de ovario. En mi caso, las células de cáncer de ovario habían derramado en la pared de la vagina donde el doctor estaba probando para el cáncer cervical, pero las células eran demasiado inusuales ser células de cáncer de cuello uterino. Por lo tanto, que inmediatamente quería ver a un oncólogo (que, como he dicho antes, no tenía idea que era un médico de cáncer).

Te preguntarás quién está a riesgo para el cáncer ovárico. Así, el riesgo es mayor para las mujeres que son 50 años o más, tienen una historia familiar de ovario, mama, colon o cáncer del útero y no han tenido un niño. Bueno, puedes ver estos riesgos pueden o pueden no aplicarse a usted porque tenía 36 años de edad, no tenía ninguna historia familiar de cáncer y tuvo dos hijos. Por lo tanto, debe ser proactivo en vigilando su salud y cuidar de su cuerpo.

Después de 3 horas en cirugía, salió una nueva mujer. He recibido una histerectomía total debido a mi ovario izquierdo había roto dentro de mí y el ovario derecho fue ampliado a aproximadamente del tamaño de un huevo. Estábamos bien con la histerectomía porque no queremos que ningún niño más. Siempre digo que uno es suficiente y dos son demasiado. Mi familia era agradecido y sumamente feliz que sobrevivió a la cirugía, y todo el mundo estaba de mi camino a la recuperación con respecto a las seis rondas de quimioterapia que he tenido que sufrir debido a que algunas células de cáncer en mi útero y pelvis ovario roto área. Las células de cáncer nunca se separaron en mi cuerpo a mis ganglios, ni tejidos pélvicos y fluidos.

Después de la cirugía, tuve que comenzar la quimioterapia, y mi oncólogo y las enfermeras me informaron acerca de los síntomas que podría experimentar con esta venenosa quimioterapia. Una experiencia en particular fue la pérdida de cabello. Claramente recuerdo que una mañana, Dios despertó mi esposo y yo. Estuvimos juntos en el baño y dije:

"Bien la miel, creo que este material está funcionando porque mira..."

Tiró mi pelo y matas y matas apenas salieron

derecha. Fui capaz de tirarla en el bote de basura.

".. . mi pelo está saliendo bien."

Mi marido sólo me tomó y me abrazó firmemente.

Cuando compartí esta experiencia con mi suegra, Della Myton, ella dijo,

"Me deja saber cuándo usted está completamente Calvo, y me voy a afeitar mi cabeza en honor a usted".

Lloré cuando dijo esto, y dije, "No, no tienes que hacer eso."

Ella respondió: "¿está seguro, porque sabes será?"

Dije, "Estoy seguro".

Viernes, 11 de agosto de 2006

Dios mío,

Hoy me despiertas al amor y la bondad, y salir con su amor y apoyo. Gracias tan amablemente por permitirme recoger mis chicas en Brinkley hoy de mi mamá, Della. Gracias por que le permite volver con seguridad a su casa de Helena. Cada día que escribo, mis ganas de vivir crecen más fuerte cada día, y guiarme como escribir y dar probablemente lo que digo. Dios, necesito orientación sobre la nutrición adecuada para mi cuerpo, así como los alimentos que necesitan para servir a mi familia por sus cuerpos. Por favor bendice a James, Kai y Chyna mañana en su viaje a través de esta vida junta. Mi espíritu me sigue diciendo que tienes algo maravilloso y asombroso en el almacén para mí hacerlo, por lo que yo puedo amorosamente, ¡amablemente y fuertemente servirle!

¡Dios me creó deliberadamente!

Dios, le pido me guíe, que me construya y me da una mente sana y cuerpo para habitar en, así como escuchar la palabra de sus obras. Estoy pacientemente esperando y buscando que el destino que me espera. Dios, concédeme la serenidad para levantar Nia y Jamaica como mujeres de destino. Dios, me da la visión, una visión que tienes para mí. Me uso a su voluntad. Sé que será una prueba, me guía, dirigirme y me elevar al destino han diseñado y creado sólo para mí. ¡Estoy entusiasmado con el impresionante destino que me espera!

Gracias, Dios, por guiar mi vida y siempre inspirando mi vida como una parte de ella. Gracias, Ella Mae Hill Goodwin, por darme lo que necesitaba para sobrevivir que era Dios.

Gracias.

¡Dios me creó deliberadamente!

Sábado, 12 de agosto de 2006

Dios mío,

Hoy ha sido bella y gozosa. Me despertó esta mañana junto con mi familia, y estaba bendecida para proporcionar desayuno para mi familia. También envié familiares y amigos fotos para su revisión emocionante. Muchas gracias, Estimado Señor. Hoy hablé con mi tía Lilla, y tuvimos una discusión bendita alabanza de usted y de sus impresionantes bendiciones. ¡Siempre estoy tan agradecida a alabarte! Dios, cada día que soy una mujer de destino y cada día, sé que mi propósito está muy pronto de usted. Conoces a Dios. Estoy emocionado de ver lo que vas a tenerme que hacer en el futuro. Me has bendecido con muchas cosas, y soy tan rico gracias a ti.

Propósito divino está dentro de mí.

Sabes yo siempre le digo a la gente que me dejó mi madre, Ella Mae Hill Goodwin, con más de 1 millón de dólares; ella me dejó con la palabra de Dios (usted). Soy tan afortunado que tenía 36 años de mi vida. Sé que ella es uno de tus ángeles en el cielo vela para mí y mi familia como mis otros hermanos. Sé que ella está sonriendo sinceramente me porque ella sabe mi propósito de usted. Creo que está dentro de mí, y revelará a mí cuando sea el momento. Como usted esta revista "Mujer de destino" me trajo. Gracias a Dios por guiar mis pensamientos, me preparando para mi propósito y permitirme estar aquí y para mi familia. ¡Eres un gran Dios! ¡Eres el más grande! Gracias mi corazón, siempre mucho amor.

-Deb, Propósito divino está dentro de mí.

3

Mi supervivencia

Fe-padre que arte en cielo

Cuando adquirí este diagnóstico de cáncer, no sólo hice mi diario y toda la vida caminan y habla con Dios, pero me puse a investigar todo lo relacionado con el cáncer que invadía mi cuerpo de la causa para el tratamiento. ¡Muchacho, descubro mucho!

Una cosa para seguro que puedo decir que mi cambio de alimentación, que comenzó en 1988, fue la razón que me cogí temprano, y estoy vivo hoy. Más adelante te diré todo sobre la transformación de la nutrición, pero ahora quiero decirte sobre cáncer de ovario.

Esto es un cáncer que las mujeres debido a los ovarios. ¡Es un cáncer grave como todos los cánceres, por lo que ya sabes mi estar aquí y escribir que este libro es por la gracia de Dios! Me gustaría darle un poco de historia sobre cáncer de ovario en relación con las estadísticas de la sociedad americana del cáncer.

El cáncer comienza cuando las células del cuerpo comienzan a crecer fuera de control. Las células en casi cualquier parte del cuerpo pueden convertirse en cáncer y pueden diseminarse a otras áreas del cuerpo.

¿Qué es Cáncer de Ovario?

Cáncer que comienza en los ovarios se llama cáncer de ovario. Los ovarios se encuentran sólo en las mujeres. Las mujeres sólo tienen dos ovarios que se encuentran en el lado de su útero que conduce desde cada ovario hasta el útero las trompas de Falopio. Sus ovarios le permiten producir huevos para la reproducción. Por lo tanto, cómo tener nuestros hijos.

Como ustedes saben, el cáncer puede ser benigno o maligno dependiendo del tipo de los tumores que ocurren en su cuerpo. El tumor de cáncer de ovario que se produjo en mi cuerpo según informe de la patología de mi médico fue un tejido epitelial glandular con cambio reactivo, estroma consistente con metastásico papilar, carcinoma seroso. Cuando el cáncer es maligno, puede diseminarse a otras partes de su cuerpo y ser mortal.

Lamentablemente, mi cáncer fue malo, pero a través de la gracia de Dios, no se había extendido a otras partes de mi cuerpo. Por lo tanto, era considerado para ser cogido temprano y recibido un nivel de etapa temprana que dio lugar a un mayor porcentaje de supervivencia. Estaba en etapa II-B, y no había evidencia de metástasis a otras partes de mi cuerpo.

¡Alabado sea Dios! ¡Es por la gracia de Dios!

Según Leifer y Lindstrom-Leifer (2015), cuando se sospecha de cáncer, existen cinco tipos de pruebas del paciente oncológico recibe que es un examen físico, exámenes de laboratorio, diagnóstico por imágenes, biopsias/posteriores hallazgos de patología y pruebas genéricas. Al menos cuatro de estas cinco pruebas ayudan a los médicos para confirmar el diagnóstico del paciente. Leifer y Lindstrom Leifer afirmó que el cáncer tiene cinco categorías que consisten en Carcinoma, sarcoma, linfoma, leucemia y mieloma. Cáncer de ovario cae bajo Carcinoma debido a este cáncer se forma en el tejido epitelial que cubre o recubre las superficies de órganos, glándulas o estructuras del cuerpo. Los carcinomas representan del 80 al 90 por ciento de los casos de cáncer. Cuando usted recibe un diagnóstico de cáncer de ovario, hay diez cosas que debe hacer que te ayudarán a pasar estos difíciles momentos antes y después de su diagnóstico. (págs. 6-10)

Según Conner y Langford (2003), las siguientes son las diez cosas que hacer ahora:

1. Lo primero que debes hacer es encontrar a un oncólogo ginecológico. Recuerde que he dicho antes que no sabía lo que un oncólogo fue.

2. Lo segundo es entender la calidad de la cirugía. Esto le ayudará en cómo recuperar para los bornes largo (p. 2)

3. La tercera cosa es considerar revisar su informe de patología. Mientras escribía este libro, voy a revisar mi informe de patología con mi doctor. (p. 3)

4. La cuarta cosa es hablar y hacer preguntas. Hablé sobre cómo me preguntas y me una segunda opinión. (p. 4)

5. La quinta cosa es conectarse con otros sobrevivientes de cáncer de ovario. ¡Hablé anteriormente sobre cómo se unió a un grupo de apoyo y buscó a los supervivientes de cáncer de ovario que me dieron la esperanza! (p. 5)

6. La sexta cosa es considerar ensayos clínicos basados en el tratamiento de cáncer. (p. 6)

7. La séptima cosa a hacer es aprovechar las organizaciones de cáncer de ovario y cáncer de otros recursos relacionados. (Ver Apéndice)

8. La octava cosa a hacer es decirle a tu familia, amigos y compañeros de trabajo. (p. 8)

9. El noveno lo es conseguir un sistema de apoyo en el lugar para ayudarle con el tratamiento y recuperación. (p. 9)

10. La décima lo es si usted necesita ayuda profesional para hacer frente, pídelo. (p. 10)

Domingo, 13 de agosto de 2006

Dios mío,
Hoy ha sido impresionante y hermoso como cada día le dais me y muchos otros en este mundo. (Nia, Jamaica y) alabado y había adorado te hoy en la Asamblea de Dios Cerro de cristal. Volvimos a 18:00 hoy a alabar y adorarlo nuevo mientras embarcan en la tarea de un nuevo año escolar una vez más. Padre, sabemos que podemos hacer todas las cosas a través de ustedes que nos fortalece cada día.

Como Mateo 7:12 dice, "Haz a los demás como te gustaría que hacer a ti." Siempre me emociona sobre la vida y la impresionante responsabilidad de criar a Nia y Jamaica. Una vez más, le agradezco por permitirme hacerlo, así como ser una esposa para mi marido, que te ruegue cada día a ser más fuerte en ti. Creo que es un hombre destinado para realizar su trabajo. Que conoces su corazón, y conozco su corazón. Pido por tu dirección continuado para mí y para él.

Dios formidable y maravillosamente me ha hecho.

Gracias por me preparando para ser un prisionero de la esperanza. Formidable y maravillosamente me han hecho; por lo tanto, veo mi imagen de ti. ¡Dios, gracias por permitirme ser libre de cáncer! (¡Alabado sea el Señor! ¡Aleluya!) (¡Gracias, Jesús!)

¡Sin embargo, sé que usted me sanó de un propósito simplemente porque tiene un plan de grandeza y puro destino para mi vida! ¡Mi corazón y mis vigas de alma

con sólo pensar en el increíble viaje de la emoción está tomando me! ¡Sabes... Espero que puedo ayudar a personas como Oprah Winfrey!

05 de septiembre de 2006

¡02 de septiembre de 2006 – 38 aniversario de mí! Este día fue muy bendecido y hermoso. Dios despertó a mí y mi familia en este día increíble, soleado, tranquilo, sereno, ¡hermoso! Limpié mi casa y descansó mi cuerpo mientras mi familia hizo compras de ropa hermosa para mí en Dillards. Mis hijas y mi esposo eran hermosos en todos los sentidos. Mi marido me llevó al restaurante 1620 que era excelente en todos los sentidos. No hace falta decirlo, disfruté de mi día en todos los sentidos. Me llamó mi hermana Rita, y mi mejor amigo, Leesher (que es la madrina de Jamaica) y su madre, la Sra. Washington (joven de 80 años en junio de 2006) me visitaron que fue una alegría. Gracias, Dios, un día impresionante y tiempo bien empleado con amar a las personas.

Debra A
"Noche de luz Teal"
HOMENAJE A SOBREVIVIENTES DE CÁNCER

Organizada por la coalición de cáncer de ovario Arkansas
Crear conciencia para el cáncer ovárico

Nota: El verde azulado es el color que simboliza a los sobrevivientes de cáncer de ovario.

Debra A
"Almuerzo de "Tonos de verde azulado" HOMENAJE A SOBREVIVIENTES DE CÁNCER

*Organizada por la coalición de cáncer de ovario Arkansas
Crear conciencia para el cáncer ovárico*

Nota: El verde azulado es el color que simboliza
a los sobrevivientes de cáncer de ovario.

4
Mi Tratamiento

Qué es quimioterapia? La quimioterapia es un método de tratamiento para el cáncer que emplea una variedad de agentes químicos para destruir o detener el crecimiento de células anormales. Personas a menudo se asustan por este tratamiento para el cáncer debido a historias sobre los efectos secundarios de la quimioterapia. Simplemente la verdad acerca de este tratamiento depende de la droga o drogas se utilizan y puede variar enormemente.

Algunas personas experimentan pocos o ningún, efectos secundarios; otros experimentan una serie de efectos secundarios temporales en las varias horas durante el programa de tratamiento. En mi caso, experimenté sólo los efectos secundarios más comunes, que tuvieron que ver con las áreas de crecimiento celular rápido, como los folículos pilosos, médula ósea y el tracto gastrointestinal. He experimentado pérdida de boca y el cabello seco. La primera orden de tratamiento para mi cáncer de ovario es la cirugía y luego quimioterapia. Había afrontado el tratamiento de quimioterapia dura que mató a mi células buenas y malas. El último tratamiento me tenía a punto de morir, y caminé llorando todo el camino a la Presidencia de la quimioterapia. Mi marido siente mi dolor y rogó a las enfermeras a hacer algo sobre el dolor, o bien me sentí que no podía tener el último tratamiento. Mi marido no solía verme llorar a menos que fuera la muerte. Él preguntó si él podría tomar el tratamiento para mí porque simplemente no quería que me aguanta más. Dios sabía que no podía hacer un tratamiento más, por lo que me llegó a través de ese pasado.

¿Recuerdas el versículo, Marcos 5:25-28? Bueno, para resumir, la mujer con el tema de la sangre, dijo, «Si yo puedo tocar el dobladillo de su ropa, yo voy ser sanado,» (KJV).

Bueno, honestamente les digo que me sentí exactamente como esta mujer, ¡y creí que había tocado el dobladillo de su ropa a través de mi continua oración y fe!

Nunca estuvo en duda, y nunca tuve un oscuro día de sentir que no iba a hacerlo incluso cuando lloré en el último día de tratamiento. Sentí que me estaba enamorando, pero estaba orando en mi camino hall y pedir Dios para ayudar a mi esposo y yo.

"Por favor nos ayude y nos dé fuerza para hacerlo. Creo en ti, y sé que estás conmigo. ¡Por favor Dios!"

Y sentí que había tocado el borde de su manto porque Dios me levantó. ¡Era un soldado en el campo de batalla para el Dios en el último tratamiento de acabado por la gracia de Dios! Sigo a meditar con Dios todos los días incluso en medio de buenos momentos. Desafío a que tengan una relación espiritual con Dios diariamente porque no puede ser en este mundo y no saben que Dios existe entre tu espíritu. Dios está en vosotros, porque él vive en ti. Siempre dicen una oración (ASAP), la beca y meditar con Dios diariamente. Cuando tuve mi sanación espiritual divina en el lugar, luego mi supervivencia estaba en lugar para mi vida.

Enemigos Hacen Estrado de Mis Pies

Cuando llegué a mi nuevo trabajo en 16 de agosto de 2004, mi cumpleaños fue subiendo en 02 de septiembre de 2004.

Educadamente le dije a mi jefe, "mi cumpleaños es el 2 de septiembre".

Y dijo severamente: "no celebramos cumpleaños por aquí."

Hice mi trabajo bien, y después de completar un año rápido lleno de diversión, me encontré diagnosticado con cáncer de ovario después de la cirugía el 28 de junio de 2005. Cuando llegaron mi cumpleaños el 02 de septiembre de 2005, ese mismo jefe celebra mi cumpleaños compra una torta de la panadería de la comunidad y cantando "Feliz cumpleaños" me con su staff inmediato.

Dios siempre hace a su enemigo su escabel. Yendo a través de mi tratamiento contra el cáncer, continuaba a trabajar y hacer mi trabajo bien. El jefe y su equipo me apoyaron a través del proceso por permitirme sacar el viernes y regresar el lunes. Eran también amar y clase, pero mi oficina compañeros de trabajo no se amar y clase. Un compañero de trabajo fue bueno sólo ser un acerca de mi vida. El compañero de trabajo estaba celoso y todo el tiempo.

Cuando el jefe de la izquierda, y hemos recibido a un nuevo jefe, el compañero de trabajo celoso que me todo el tiempo estaba emocionado de ser capaz de expresar verbalmente su aversión para mí. Ella sabía, como un enfermo de cáncer, que no tengo estrés, mezquindades y lucha en el trabajo. Por lo tanto, decidió mostrarme que me quería muerta. Ella mintió sobre mí continuamente por siempre tratando de instalarme en mi trabajo diciendo que no hago algo bien o no completar mi tarea.

Estas son las cosas que ella hizo con el jefe anterior y el nuevo jefe. El jefe anterior decidió ponerla en libertad condicional que le retire de su trabajo porque estaba mal. Lo único que salvó fue el ex jefe de retirarse. El nuevo jefe era un buen amigo de su familia, así ella sabía que había escapado de la amenaza de perder su trabajo. Puesto que el nuevo jefe le permitió hacer lo que ella desea, y ella sabía el jefe nuevo apoyaría su mal o a la derecha, saltó sobre mí sobre todo lo que pudo.

Ella quería hacerme dejar el trabajo que hice muy bien y disfrutaron mucho.

Debido a mi salud y la continuación del conflicto con este compañero de trabajo celoso, decidí dejar el trabajo. Dios me colocó en un maravilloso trabajo con maravillosos compañeros de trabajo en el edificio que hacen mi trabajo tan fácil que lo pude hacer con mis ojos cerrados. ¡Había algunas personas malvadas que encontré en el nuevo trabajo que tenía que trabajar de cerca con, pero Dios puso a un ángel en mi camino que aquellos dos demonios fuera del camino! ¿Dios no lo? Sí, lo hará cada vez. La verdadera lección es en la lucha que tiene lugar entre el sueño y la realidad.

Dios me llevó a través el susto del cáncer de ovario, el tratamiento del cáncer y el compañero de trabajo celoso con el nuevo jefe. Mi fe nunca disminuyó, nunca vaciló y permaneció siempre firme hacia la curación y la vida para mi familia. ¡Estoy escribiendo sobre mi historia que ahora debido a mi fe en Dios! Estoy aquí en la tierra por Dios, y sé que esta historia que estoy escribiendo a usted es para que sepas cómo Dios en su vida. Mi sueño era vivir y amar la vida que vivo mientras ayudando a alguien en el camino. La realidad es que soy amante de mi vida, disfrutando de mi vida y ayudar a muchos otros a lo largo de mi camino. Esa lucha es una cosa llamada vida.

La vida puede ser una lucha o puede ser una alegría. ¿Por qué digo esto? Porque es lo que haces con la gracia de Dios. Muchas cosas suceden a la gente en este viaje llamado vida, sino cómo reaccionas a él es como tu vida puede ser una lucha o una alegría. Siempre he tenido una vida feliz, por lo tanto, el susto del cáncer de ovario nunca fue una lucha para mí debido a mi fe inquebrantable en Dios para mi curación. Hablé con muchas personas sobre el cáncer. Busqué a gente que tenía cáncer, y he investigado todo que lo posible sobre él.

En mi búsqueda por aprender sobre el cáncer, la gente que encontré se convirtió en el viento bajo mis alas, junto con mi familia. Una señora que encontré tenía cáncer de ovario en el 1960 cuando había poco conocimiento médico de esta y muchas otras enfermedades. Esta mujer aún está viva hoy y en sus años 60, y nunca hubiera sabido que tenía cáncer de ovario porque ella no parece ella nunca ha estado enferma un día en su vida. Que me dio toda la esperanza que necesitaba y sabía que Dios era dejarme a mantener mi fe por encontrar estas personas.

Cuando estaba en el centro de mi tratamiento, tenía una enfermera me dicen acerca de su cáncer y la nutrición. Una vez más, Dios fue enviar mi confirmación sobre este susto del cáncer. En llamar a la American Cáncer Society y otros centros de cáncer, me enteré de la supervivencia las tasas para las mujeres afroamericanas y lo raro es para alguien como yo para este cáncer. Mi confirmación final fue de un médico que me dijo que su mamá murió de cáncer de ovario, y después ella tuvo sus dos hijos, ella tenía una histerectomía total por lo que ella no iba a coger cáncer de ovario.

Ella también dijo, "Dios no es a través de con usted Debra Myton. Tiene algo más que hacer aquí en la tierra."

Esto trajo lágrimas a mis ojos y la alegría a mi corazón porque había sentido esto y cree esto, y aquí fue como un ángel que me decía esto, otra confirmación de Dios. ¡Dios es el más grande!

30 de septiembre de 2007

Hoy, escribo en mi diario del 05 de septiembre de 2006. Fue un día sereno, tranquilo, soleado y hermoso, Domingo, 30 de septiembre de 2007 el último día de septiembre de 2007.

Veo la imagen de mi padre de mí.

He sido mejor que el bendito desde el último día que escribí en mi diario, que ha sido hace un año y 15 días para ser exactos. Dios me ha bendecido para celebrar mi cumpleaños número 39 en la que he perdido exactamente 37 libras desde el 29 de enero de 2007. Mi peso es 166 libras y mi Indice corporal es de 39,4%. Tengo un camino por recorrer, pero con la gracia de Dios y de mi entrenador, voy a llegar allí. Mi familia ha sido de apoya. Mis hijas, Nia y Jamaica han sido extremadamente solidario, feliz y emocionado a mí perder el peso. Mi marido está feliz de que finalmente estoy perdiendo peso, aunque no ha sido muy solidario. Ha sido un poco apoyo. Está tratando de encontrar su camino de ser apoyo para mí. Pero me tengo que quedar fuerte para mí, las chicas y él en orden para que él vea cómo apoyo debe ser.

Veo la imagen de mi padre de mí.

Hoy realizo mi primer fichaje para Dios en el cristal colina Asamblea de Dios en 17:00 Estoy emocionado por la firma a la canción de Dios, "Gloria, gloria, Aleluya Reina." Dios, eres impresionante y grande en todos los sentidos y quiero darle las gracias por dejarme siempre aferrarse a la mano que no cambian. Sé que grandeza es planeada para mi y mi familia y estoy esperando pacientemente en usted. Estoy humildemente agradecido por todo el bien, las tormentas pequeñas y las grandes tormentas que han pasado en mis 39 años de vida hasta el momento. Sin embargo, sé que hay más por venir, y estoy emocionado por las posibilidades impresionantes. Estoy decidido a ser lo que ha llamado para que mí. ¡Gracias! ¡Amarte a la vida siempre y para siempre!

-Debra Denise Goodwin Myton 30/09/07.

Decidido a ser lo que Dios me llamó a ser.

30 de septiembre de 2007

Esperando pacientemente en usted.

¡En tu presencia, soy fuerte! ¡En tu presencia es donde pertenezco!

03 de agosto de 2008

Hoy es domingo, 03 de agosto de 2008, y estoy sentado en tu santuario escuchar Pastor Terry Newman predicar acerca de Isaías 5:13-14. Al escribir esto, tuve mi primera Biblia estudiar alguna vez con Joan y su esposo, John, en sábado, 02 de agosto de 2008 a 17:00 en mi casa. Discutimos el capítulo de Daniel 2:1-49. Conocí a la Sra. Joan, que es de la isla de San Vicente, en mi cyber UALR/LRSD clase profesor de la Universidad este verano, 09 de junio de 00 25, 2008.

Sé que fue tu gracia (Dios) que nos conocimos. Ella realmente cree que tú, Dios, nos causó satisfacer. Llevé mi Biblia a la clase de ciber una mañana porque no llego a leer Gálatas 5: 16-25 y Efesios 6:10-20.

Cuando Joan me vio con mi Biblia, dijo, "este joven es estudiar la Biblia y que buscan la verdad de Dios.

Verdaderamente disfruté de mi clase de estudio de la Biblia con Joan y su marido. Oramos antes de estudiar y estudiamos a Daniel 2:1-49. Joan me dijo que va a traerme una notebook para mantener mis notas de estudio en, y oramos después de que dejó de estudiar. Dios, realmente puedo ver que estoy en mi camino para cumplir el plan que han destinado para mí.

Mi alma y el espíritu sonríen brillantemente cuando pienso en el plan impresionante que ha establecido para mí. Sé que usted sabe el plan que tienes para mí es ser un siervo fiel de tus alabanzas y la verdad. ¡Eres un Dios impresionante, y todas las batallas son tuyas!

Mientras que, con amor, con paciencia y felizmente esperan en sus planes divinos, me estoy convirtiendo más dedicado, determinado, dedicado y dirigido por sus grandes planes.

Dios, yo gracias y alabo a diario para el apoyo, amor, dirección y la grandeza que usted otorga a mí en todos los sentidos especiales. Sé que el encuentro de Joan es sólo otra parte de su gran plan que tienes para mí. Esto es realmente 11 meses y 27 días ya he escrito en mi diario "Mujer del destino". Estoy embarcando en mi cumpleaños número 40, 02 de septiembre de 2008, y estoy empezando con mi entrenador en 18 de agosto de 2008 para retirar el resto de mi peso de mi cuerpo. Todas alabanzas a Dios.

Dios sabe los planes que él tiene para mí.

5
MI AMOR A LA VIDA

A mí, Dios es un espíritu sobrenatural que irradia en cada ser humano en esta tierra. Medicina de Dios para mí es mi fe inquebrantable en que hablo nada, pero amor sobre mí mismo y otros. Este medicamento fue el principio de mi curación porque habla de la vida, el amor y felicidad que me puso en el camino hacia mi sanación en mi cuerpo el cáncer. Este fue el comienzo de mi supervivencia de esta enfermedad. Como he dicho antes, siempre he sido una persona positiva y optimista, y mi personalidad no cambiaron cuando me dieron el diagnóstico de cáncer. Mis palabras y personalidad amorosa se habían convertido en mi supervivencia para la vida.

Por esta razón nunca dije, "¿Por qué yo?"

Siempre he amado la vida y mi vida con amor y bondad hacia todos: familia, amigos y extraños.

Siempre he sido una persona perdonadora. Mis compañeros de escuela en cada grado votaron para que mí recibir seis clientes de los 12 premios de "Quién es quién" en la escuela secundaria. Los otros seis que no he recibido, una de mis amigas recibió en honor. Me he siempre dicho por familiares y amigos que soy una persona adorable. Yo sabía que mi personalidad y mi espíritu amoroso conseguirían de un diagnóstico de cáncer. Pero puedo decirte que tu supervivencia para esta enfermedad o cualquier diagnóstico médico es medicina de Dios. Hablar vida sobre su diagnóstico porque es medicina de Dios. Cuando usted habla de la vida, su cerebro está reflejando pensamientos positivos y felices que libera serotonina, y por lo tanto su sistema inmunológico se siente bien.

Como un testimonio vivo de seguir mis pensamientos positivos, actos y actitud, Dios sanó mi cuerpo. Familiares y amigos que me conocen creo que nunca he estado enfermen un día en mi vida. Siempre les digo que Dios lo hizo para mí. Nunca creí que Dios me llevaría lejos de mis hijos y esposo. Mi fe fue flaqueada nunca porque se irradia el espíritu de Dios dentro de mí desde muy temprana edad. He nunca no agradeció a Dios diariamente, y tiempo creció sobre los años, me di cuenta de que no tengo que seguir consiguiendo en mis rodillas. No tengo que tener un lugar designado, ni que tengo que tener un tiempo designado para orar y gracias a Dios por todo lo que ha hecho y sigue haciendo para mí cada día. Me di cuenta, con el tiempo, en mi constante oración de mis circunstancias o situaciones (tienes que rezar; nadie más puede hacerlo por usted) que la medicina de Dios fue Sanando mi cuerpo a través de medios espirituales.

Yo estaba siendo sanado por Dios y la medicina por el hombre que había dirigido la mano de Dios. Cuando son diagnosticadas con cáncer, es importante aprender tanto como pueda sobre el tipo específico de cáncer y el tratamiento del cáncer. La más investigación acerca de su diagnóstico de cáncer en particular, mejor podrás participar en su programa de tratamiento para el cáncer. Cuando realmente fue mi primer tratamiento de quimioterapia, recuerdo vívidamente diciendo a Dios,

"Bien este organismo no será mayor, y después de este tratamiento de quimioterapia recibirá un nuevo cuerpo con su belleza y gracia".

Como estaba en mi camino a la curación a través de las manos del hombre y el espíritu de Dios, que estaba aprendiendo cómo tratar el nuevo cuerpo. Como hablé anteriormente, perdí a mi madre en mayo de 1999. Recuerdo muchas conversaciones con mi madre, Ella y en una conversación, me dijo que necesitaba hacerme un jardín que va a volver al cultivo mis propios alimentos. Recuerdo pensar a mí mismo,

"Oh, mamá no sabe lo que habla."

Bueno, resulta que ella sabía más de lo que pensaba en el momento. He hablado con muchas enfermeras, médicos, nutricionistas, entrenadores personales y personas en salud y fitness con respecto a mi dieta. Me convertí en una persona de investigación salud y nutricionista.

Este aspecto de mi viaje de cáncer fue uno que me

gustó mucho conocer. Aprendí sobre ejercicios, alimentación y nutrición para mi cuerpo. Si eres como yo, siempre me gusta saber cómo alguien pierde peso y lo que exactamente se hizo para perder el peso. No me gustan las respuestas de manta que generalmente tales como:

"Oh, yo sólo recortar mi comida," o "Acabo de ver lo que comía", o "Utiliza este programa de pérdida de peso o que programa de pérdida de peso."

Estas declaraciones fueron tan inadecuada a mí en la explicación de cómo comer bien, cambiar mi dieta y sobre todo, perder el peso. Bueno, como te dije antes, soy un investigador y un recurso a mí mismo y otros. Por lo tanto, me convertí en un lector voraz en cuanto a dieta, ejercicio, nutrición y cáncer de ovario. También trabajó tres entrenadores diferentes. Un entrenador me ayudó a perder más de 50 libras, pero volvió y un entrenador me tenía realmente caben, pero la nutrición no estaba allí. La ultima que me mantuvo sin ayudar con la nutrición. Pero los tres siempre dijo que la pérdida de peso comienza con la dieta. Así, único lo que aprendí fue que no importa cuánto trabaje hacia fuera, si no cambio mi dieta, (o mi alimentación que se traduce en alimentos que debo comer a diario) que el ejercicio no tendrá el peso.

Sí, si usted quiere perder peso, comienza en la mesa. Puedo decirles que de mi investigación y mi lectura me ha llevado a saber que el ensayo y error de la dieta y el ejercicio tiene que ser resueltos para el estilo de vida de cada persona. Tienes que averiguar lo que funciona mejor para su estilo de vida, tales como, "¿es usted una persona de mañana para ejercicio o eres una persona de noche?

Es lo mismo con la comida. Algunas personas pueden comer ciertos alimentos que les dan gas mientras que otros pueden comer alimentos que las hacen inflar. También tienes que tener en cuenta su edad debido a su metabolismo. Una cosa tengo que decirte es que debe ejercer cada día si se puede, si no está comiendo bien, oh, esta es otra declaración que no me gusta: "si no está comiendo bien."

¿Qué significa eso? Simplemente significa que, si usted está comiendo alimentos fritos, dulces y no hay verduras y frutas, el peso no dejará su cuerpo. Pero cuando usted hace ejercicio, ayuda a los órganos de su cuerpo para empujar los alimentos a lo largo de las arterias, por lo que no consigue obstruidos.

Ejercicio da sus órganos internos muchos beneficios para que las personas que consumen alimentos que son malos para sus órganos todavía pueden hacerlo con sus cuerpos porque están ayudando a los órganos vitales y activos. Por lo tanto, vamos a hablar más de esta nutrición. Como usted sabe o no puede saber, cada ser humano tiene células cancerígenas en su cuerpo. Así que, ¿qué significa eso? ¿Por qué algunas personas tienen un diagnóstico de cáncer y algunos no?

Tiene que ver con los genes de su madre y padre, su dieta, medio ambiente y su estilo de vida. Debido a estos problemas en la vida de las personas, las células cancerosas pueden convertirse en un cáncer o no. Lo único de su cuerpo tiene defensas naturales para derrotar las células causantes de cáncer por lo que nunca llegan a convertirse en una célula cancerosa. Así que, ¿cómo convertirse en un sobreviviente de la lucha contra el cáncer? Bueno, empezar con su dieta eliminando alimentos causantes de cáncer. Recuerde que he dicho antes que mi madre dijo:

"Debra, necesitas empezar a cultivar tus propios alimentos."

Bueno, salió y tengo un jardín de algunos vegetales. Sin embargo, sé que usted no puede iniciar un jardín, pero se puede ir al mercado del agricultor y la sección de productos frescos en la tienda de comestibles. He hecho pequeños cambios en el tiempo en mi dieta antes de que me diagnosticaron con el cáncer, y he seguido hacer los cambios de dieta y estilo de vida en mi vida desde el diagnóstico de cáncer.

Antes, comía pollo, pescado, carne de res y cerdo. Dejé de comer todas las carnes en 1988 excepto pollo y pescado. Restringido el pollo y el pescado cocido al horno solamente. Corte todos los alimentos fritos, y mi cuerpo me dio las gracias cada vez que comía sano. Nunca fui un gran comedor, pero me gustaría de bocado. Lo que aprendí es que usted debe comer cinco a seis comidas pequeñas al día para mantener tu metabolismo quema y para asegurarse de que su cuerpo no cree que vayas en el modo de hambre.

También aprendí que su cuerpo necesita alimentos saludables y alimentos sanos gustos realmente buenos cuando aprendes a cocinar. Confía en mí, tu cuerpo estará tan feliz, y usted oirá las células diciendo: "muchas gracias! Quiero más de ese alimento; ¡¿Dónde este alimento lleva?!"

Es, literalmente, cómo mi cuerpo se sentía y siente cuando de comida sana, limpia. Ha sido un viaje y un proceso para cambiar mi dieta, pero trabajo duro para seguir creciendo y aprender sobre alimentación y nutrición. Tienes que encontrar el que funcione para usted.

Qué es una lista de todas las verduras que me gustan y son lo comen. Usted puede averiguar maneras de cocinar las verduras diferentemente si te aburres. Como con todos los alimentos, deben elegir los de la salud, limpiar-comer que te gusta y come sólo aquellos alimentos.

Lo mismo ocurre con el ejercicio. Encontrar algo que gusta hacer y lo haces sin sentir que es una tarea para usted. Cuando usted encuentra que el ejercicio, tu cuerpo te lo agradecerá para él. Cuando perdí las más de 50 libras, era constante, y tenía un plan de dieta que consistía en 1200 calorías y cinco a seis comidas pequeñas al día junto con mis ocho vasos de agua. Cuando preparé mi comida para el día durante la semana, me ha gustado que no tengo que pensar en lo que iba a comer.

Funcionó tan bien para poder tener la comida preparada, para no comer dulces, alimentos procesados y comida rápida. Estas son todas las cosas que tu cuerpo no necesita porque se causan aumento de peso y posiblemente desarrollar las células de cáncer en su cuerpo. Trate de comer limpio para un día y ver cómo diferentes actuarán las células en su cuerpo. Si usted escucha a su cuerpo, le dirá que lo que funciona y lo que no le gusta y lo no le gusta.

Otra vez, como ya he dicho, he hecho pequeños cambios en mi vida con respecto a mi dieta. He tratado de ser vegano para un mes o más y ha funcionado como he podido preparar mis comidas con antelación. Pero cuando trabajas, desafíos de levantar una familia y la vida sale de la manera, usted puede volver a una dieta pobre. Pero sabiendo lo que puse en la boca puede causar las células de cáncer a convertirse en un tumor canceroso, benignos o malignos, es suficiente para mantenerme motivado para regresar si me caigo.

Intento incluir todos los alimentos saludables en mi dieta como cúrcuma, un chupito de vinagre con agua, semillas de linaza en cualquier comida, fruta (por la mañana debido al contenido natural de azúcar) y verduras tanto como sea posibles simplemente porque comer mis verduras favoritas; por lo tanto, puedo obtener en la cantidad que necesito, o posiblemente más de lo necesario. Cuando o si comer pollo y pescado, tratar de comprar la hierba-alimentado/orgánico. Intento utilizar productos de limpieza naturales alrededor de la casa y productos no tóxicos.

También hacer ejercicios regularmente. Me aseguro de reír mucho, sonreír mucho y amar a la gente mucho porque siendo que una persona optimista positiva es la prevención del cáncer. Si usted es un promedio, la persona enojada y tienen envidia de los demás y rencor, eres una persona tóxica emocional. Esta personalidad es perjudicial para el organismo ya que son contaminantes, comida mala y no hacer ejercicio.

Personas parecen querer reaccionar ante problemas con la ira y la negatividad en vez de bondad, amor y positividad. Es un desafío para algunas personas encontrar el humor en la adversidad y a los que hacen la vida difícil para nosotros amar a. Los cambios más difíciles de todos pueden ser los internos del ser básico. Si usted ha tenido cáncer no, cualquier persona que quiera mejorar sus posibilidades de evitar el cáncer debe crear un cambio de estilo de vida hacer ejercicio con regularidad, mejorando su dieta a través de la nutrición y aprender a amar a ellos mismos, así como de otros mediante la promoción de positividad y la bondad.

Encontrará los alimentos que quieres comer de frutas, verduras y carne (si comes carne). Una vez que encuentre todas sus comidas favoritas de los grupos de alimentos que te gustan, aprende a preparar los alimentos de la manera más saludable para usted.

Una vez que preparar el menú de alimentos y preparación de alimentos, comer seis comidas pequeñas al día, aproximadamente 3 o 4 horas apartes preferiblemente (8:00, 11:00, 14:00, 17:00, 7 horas y 21:00); no comer después de 21:00. Si usted trabaja un turno de noche, los tiempos preferibles son las siguientes: 20:00, 23:00; 2:00, 5:00, 7:00 y 9:00 Entonces, usted quiere asegurarse de que usted está haciendo ejercicio 30 minutos a una hora al día. Te prometo que el peso caerá si usted está tratando de perder peso y serás sano y fuerte, mirando 10 años más joven.

¿Cómo puedo prometer esto? Porque esto es lo que me está pasando. También lo he visto suceder a otras personas que tienen este tipo de estilo de vida nutritivo. Hay muchos ejercicios que usted puede hacer compra DVD de entrenamiento, equipo de entrenamiento, y visitando gimnasios. He encontrado que cuando se trabaja hacia fuera en un grupo, usted se compromete a ejercitar su cuerpo regularmente como usted cada día. ¡Así que sí, conseguir un compañero de entrenamiento consigue en un grupo de entrenamiento o empezar un grupo caminando... sea cual sea!

¡Conseguir móvil, hermana! Así, para simplificar todo sobre nutrición, debe tener el producto y proteína junto con snacks saludables y frutas en tu plato. Es bueno comer la fruta temprano en el día porque tienen azúcar natural. Por la noche, cuando usted quiere un bocadillo, asegúrese de que es una merienda de proteína como la proteína en polvo con yogur griego que se considera "pudín de la proteína." Puede hacer un montón de comidas saludables y colocar en una olla de cocción lenta. La clave es tener la comida preparada para no agarrar los alimentos insalubres.

25 de octubre de 2008

Ayer, tuve un taller de formación Pathwise viernes, 24 de octubre de 2008, y ayudó a llamar de Obama campaña oficina durante unas dos horas. Luego llegué a casa y me llama el Dr. Rosetta Howard para decirle que me envíe su información de contacto sobre su nuevo taller del Milenio para los educadores. Ella y yo enganchado en una conversación muy larga porque he recibido una revelación de Dios que necesitaba para escribir un libro para difundir mi palabra de fe acerca de sobrevivir el cáncer de ovario. Entonces fui a hablar con mi suegro, Myton, Sr. Clausey, que me animó como Dr. Rosetta Howard ya había hecho. Hoy (25/10/08), hablé con mi mejor amiga Leesher que igualmente me animó, y surgió con el título "Limitado por la fe" (cáncer de ovario (curado) sobreviviente) por Debra Goodwin Myton.

¡Gracias, Dios!

Dios tiene planes para prosperarme.

25 de octubre de 2008

Cotizaciones para mi libro

"Se da demasiado crédito al resultado final. La verdadera lección es en la lucha que tiene lugar entre el sueño y la realidad. Esa lucha es una cosa llamada vida".

"Confiar plenamente en Dios; Del libro en rústica colores: turquesa, morado y oro. "

(Mi imagen de la portada).

Dios tiene planes para prosperarme.

15 de febrero de 2009

Hoy es domingo, 15 de febrero de 2009, y estoy sentada en la iglesia en la clase de lengua de signos. Hablé con mi hermano, Junior, esta mañana y su esposa, Jean, cuyo cumpleaños es hoy. Junior me había iluminado realmente en cosas con respecto a los miembros de mi familia. Tuvimos una buena conversación. Dios, estoy realmente y sinceramente tratar de volver a mi entrenamiento y permanecen cerradas en contacto con usted.

Dios Padre, pedí que siga guía mi alma y espíritu, así que puedo continuar a caminar más cercano con usted y permanecer como uno. Mi esposo, Clausey Boyes Myton, Jr., me dijeron que cuando verdaderamente estoy en sintonía contigo, voy a ser más saludable, ¡que el peso se ha ido y mi espíritu te irradiará! Esto... Creo que Dios, y realmente quiero este espíritu vivo por mí y por otros. Yo creo en todo lo que hacen y seguirán haciendo en mi vida.

Dios tiene pensamientos de paz hacia mí.

Os dejo que Dios tiene una respuesta positiva y una llamada positiva.

Por favor, lea los versículos de la Biblia y fe versos a continuación.

Dices, Dios dice versículos de la Biblia

Se dicen: "Es imposible".
Dios dice: todo es posible.
(ver a Lucas 18:27)

Dices: "Estoy demasiado cansado".
Dios dice: yo te daré descanso.
(véase Mateo 11:28-30)

Dices: "Nadie realmente me ama."
Dios dice: te amo.
(véase John 3:1-6 y Juan 3:34)

Dices: "No puedo ir".
Dios dice: mi gracia es suficiente.
(ver 2 Corintios 12:9 y Salmos 91:15)

Dices: "No puedo calcular cosas hacia fuera."
Dios dice: dirigirá tus pasos.
(véase Proverbios 3:5-6)

Dices: "No puedo hacerlo."
Dios dice: usted puede hacer todas las cosas.
(véase Filipenses 4:13)

Dices: "No soy capaz"
Dios dice: Yo soy capaz.
(véase a 2 Corintios 9:8)

Dices: "No puedo perdonarme"
Dios dice: te perdono.
(véase 1 Juan 1:9 y Romanos 8:1)

Dices: "No puedo manejar"
Dios dice: serán fuente de todas sus necesidades.
(véase Filipenses 4:19)

Dices: "Tengo miedo"
Dios dice: no le he dado un espíritu de temor.
(véase 2 Timoteo 1:7)

Dices: "Siempre estoy preocupado y frustrado".
Dios dice: lanzar todas sus preocupaciones sobre mí.
(ver 1 Pedro 5:7)

Dices: "No soy suficientemente inteligente"
Dios dice: te doy sabiduría.
(véase a 1 Corintios 1:30)

Dices: "Me siento solo"
Dios dice: yo nunca te dejaré ni te abandonaré.
(ver hebreos 13:5)

La fe nos da ojos reales para darse cuenta de lo que son las mentiras reales

Todos estos números pueden ser llamados directamente. Asistencia de operador no es necesario.

Todas las líneas al cielo están disponibles 24 horas al día.

¡Alimenta tu fe y duda se morirán de hambre a la muerte!

De seguridad, teléfono:
(Salmo 145:18)

Está herido y crítico, teléfono:
(1 Corintios 13)

Estás orando para usted, teléfono:
(Salmo 87)

Estás preocupado, teléfono:
(Mateo 8:19-34)

Son salir de casa para un viaje, teléfono:
(Salmo 121)

Necesita coraje para una tarea, teléfono:
(Josué 1)

Preguntas Para Hacerle a su Médico o Enfermera

1. ¿Qué marcadores del tumor se monitorearán durante mi tratamiento?
2. ¿Cómo va a utilizar estos marcadores?
3. ¿con qué frecuencia he probado?
4. ¿Qué otras medidas de diagnóstico se utilizarán junto con marcadores tumorales para evaluar mi respuesta a la terapia o confirmar la progresión de la enfermedad?
5. ¿cómo la decisión se hará siempre y cuando mi terapia actual debe cambiar?

Asegúrese de discutir cualquier pregunta que tenga sobre su tratamiento o condición con su médico. Estas son preguntas que se pueden aplicar a cualquier enfermedad o condición que se puede encontrar en la vida. Debe tomar posesión de su cuerpo y su condición. Preguntas de su médico, así como tener un amigo o ser querido contigo es imprescindible para su recuperación.

Notas Médicas

Cotizar 1

Mamá dijo: "Siempre sabes exactamente qué hacer." Y que debo poner mi confianza en el "usted" y entonces mamá dijo: "Cuando ella está fuera de respuestas ella te habla."

Donde estoy ahora
Lo que he aprendido
Sigo aprendiendo
Comer saludable
Llamado a la acción

Dios me está bendiciendo aún con vida y continúo mi estilo de vida y cambios para delgado hasta el tamaño de comer quiero ser. Mi viaje continuo con mis opciones saludables para comer bien todos los días. He aprendido que esto es la manera de vivir y el amor de su vida: comer alimentos nutritivos y hacer ejercicio cada día. Trabajo cinco días a la semana, y funciona bien con mi horario. Sigo a la investigación sobre vida saludable porque a medida que envejecemos, quiero para asegurarse de que estoy haciendo lo que funciona bien para mi edad y mi cuerpo. Cuando comer sano y hacer ejercicio con regularidad, pone 10 años en su vida. Sin duda se verá 10 años más joven que su edad.

Mientras escribo mi historia para ayudar a alguien con alguna enfermedad peligrosa para la vida, ya sea cáncer o cualquier otra enfermedad que invade el cuerpo, que es su templo, es mi deseo sincero que he iluminado le y le ayudó a concentrarse y aprender algo. Reto a cualquiera que está leyendo este libro para convertirse en un mejor usted si tiene una enfermedad que amenaza la vida o no. ¡Si desea crecer y brillar en la vida!

¡Siempre he tenido una sed para la vida! ¡Y ni que decir tiene que estoy caminando por fe! He aprendido a siempre que Dios la fuerza de mi vida, así como ser paciente y esperar en Dios. Todavía estoy aprendiendo a descifrar las señales que Dios me envía sobre las situaciones, ya sean buenas o malas. Todavía soy haciendo ejercicio y comiendo sano un día a la vez. Ruego que este libro ha sido una bendición para usted y que usted ha aprendido algo que puede y le ayudará en la vida.

Continuamente me veo obligado por la fe de Dios.

¡Cotizar 2: Precioso!

¿Lo que me hace débil? Mis miedos.

¿Lo que me hace todo? Mi Dios.

¿Lo que me mantiene de pie? Mi fe.

¿Lo que me hace compasivo? Mi abnegación.

¿Lo que me hace honesta? Mi integridad.

¿Lo que sostiene mi mente? Mi búsqueda del conocimiento.

¿Lo que me enseña todas las lecciones? Mis errores.

¿Lo que levanta mi cabeza en alto? Mi orgullo, la arrogancia no.

¿Qué pasa si no puedo tomar? No es una opción.

¿Lo que me hace vencedor? Mi valor para subir.

¿Lo que me hace competente? Mi confianza.

¿Lo que me hace sensual? Mi esencia insaciable.

¿Lo que me hace hermosa? Mi todo.

¿Lo que me hace una mujer? Mi corazón.

¿Quién dice que necesita amor? Hacer

¿Quién soy yo? ¡Soy una mujer de Dios! ¡Temeroso de Dios mujer de Dios!

SOBRE EL AUTOR

DEBRA MYTON es un educador conocido, talentoso y audaz cáncer ovárico sobreviviente apasionada por compartir su experiencia y conectar a las personas por la fe en la verdad de Dios. Debra disfruta leyendo, viajando (pasó un mes en Medellín, Colombia con su familia), enseñanza, consejería y animar a otros a creer en sí mismos. Ella es una maestra Nacional de certificados de junta (NBCT), un escritor freelance online y maestro de 2018 del año. Debra es un autor publicado con el trabajo en la revista búsqueda, invitando a Arkansas Magazine, AY acerca de que la revista y la Gaceta/demócrata de Arkansas. Ella y su esposo Clausey reside en North Little Rock, Arkansas y son los orgullosos padres de dos hijas hermosas, Nia y Jamaica.

Referencias

Leifer, J. y Leifer, L. L. (2015). Después de oír su cáncer: una guía para navegar por el difícil camino por delante. Lanham: Rowman & Littlefield.

Conner, K. & Langford, L. (2003). Cáncer de ovario: su guía para tomar el control. Cambridge de Sebastopol, California: OReilly.

Apéndice

Recursos para las organizaciones de cáncer de ovario:

Alianza Nacional del cáncer de ovario, http://www.ovariancancer.org

La Coalición Nacional de cáncer de ovario, http://www.ovarian.org

Autoayuda para la mujer con el seno o cáncer de ovario, http://www.sharecancersupport.org

Ginecológico red de mujeres por cáncer, http://www.wcn.org bases cáncer

Nuestro lema
"Transformando historias de vida"

Publique su libro con nosotros

Nuestro paquete de publicación todo incluido
Corrección y edición profesional
Diseño de interiores y diseño de portadas
Ayuda de escritura de manuscritos
Ghostwriting y más

Para envío de manuscritos u otras consultas:
www.jkenkade.com
(501) 482-5536

www.ingramcontent.com/pod-product-compliance
Lightning Source LLC
Chambersburg PA
CBHW032118090426
42743CB00007B/383